道徳の評価

通信簿と指導要録の記入文例

小学校
中学校

[編著]
石田恒好・押谷由夫・柳沼良太
長谷　徹・谷合明雄

図書文化

まえがき

　今回の学習指導要領の改訂に伴い，これまでの「道徳の時間」は，「特別の教科　道徳」としてスタートします。とりわけ，その評価については，大きく2つの問題を内包しています。

　かつて道徳の授業は，「目標あって評価なし」と言われてきたように，道徳の目標は掲げられているにもかかわらず，他の教科とは違って評価・評定が行われていないのが実情でした。この根本には，「児童生徒の心を評価できるのか」「教師の価値観の教え込みにならないか」，そのために「道徳は評価が難しい」というのが理由の1つでした。「道徳教育に係る評価等の在り方に関する専門家会議」では，慎重な議論が重ねられ，「評価」は「指導」につながる欠くべからざる教育サイクルの一環であり，道徳科においても「評価」は難しいものであるが重要であることが強調されています。

　「評価の難しい」道徳科の何を，どのような方法で評価したらよいのか，という問題がその1つです。本書は，「主体的・対話的で深い学び」を取り入れ，「考え，議論する道徳授業」へ質的な転換を図る学習指導過程を通して，指導と評価の一体化をねらうべく，道徳科の評価の在り方を示しました。

　2つめは，「評定あって評価なし」という問題です。教育評価の不幸は，最も基本的な専門語「評価」が2つの語義で用いられていることです。

　本来の「評価」は，教育が目標実現に機能しているかを評価し，教育を点検，反省，改善して補習か指導を強化し，すべての目標の実現を目指すのが「評価」です。学力の場合，3，2，1の「評定値」を付けて「評定」し，「評価」をしたと思い，「評価」しないで次に進んでいるほうが多いようです。

　戦後，道徳教育は，学校教育全体での行動の指導として始まり，昭和23年小学校学籍簿（指導要録は昭和24年から）では，「行動の記録」欄へ，5段階相対評定と校内外での目立った行動とを記録しました。ただし，評定の記録欄名が，小学校用では「評価」，中学・高校用では「評定」と不統一でした。専門語としては正しくは「評定」ですが，世間では成績を付けることも「評価」といいます。世間語「評価」は教育への誤用の始まりで，以後教育界にはびこり，専門語「評価」を正しく理解し行うことを妨げ続けていま

す。幸い，道徳教育は評価をしていなかったので，世間語「評価」に侵されておらず，一から正しい教育における「評価」をスタートする好機と考えています。

　昭和33年に「道徳の時間」が新設されましたが，この時間を中心に，引き続き学校教育全体で行い，道徳の記録は，「行動の記録」欄で引き続き行われて現在に至っています。
　道徳の教科化で，新指導要録では，関係のある欄が「特別の教科　道徳」「行動の記録」「総合所見」の3つになりました。指導要録は，外部への証明の原簿ですので事実の記録であることを求められます。判断，心情，意欲等は内面的で観察できません。それが表出された発言・会話，作文・感想文，ノート等の作品，質問紙・標準検査への回答等，の事実を集めて資料とすることです。
　「特別の教科　道徳」の「学習状況」は，多角的・多面的に考えているか，自分のこととして理解を深めているか等の視点から，顕著な学習状況を記録します。「道徳に係る成長の様子」は，個々の項目でなく，大くくりで，本人としての特長と成長を認める「個人内評定」を記述式で行います。
　「行動の記録」は，学校生活全体での行動で，「十分満足」（絶対評定）に〇を記入します。「総合所見」には，学校教育全体で行う道徳教育における「所見」を記入します。
　通信簿への期待は，指導機能なので，長所を認め励まし，どこをどう指導・学習すればさらに伸びるかを具体的に記入することです。
　「道徳」に特化しての記入は初めてなので，通信簿および指導要録について記入文例を集めてみました。記入の参考にしていただければと思っています。

平成30年9月

編者代表　石田恒好

目次 道徳の評価　通信簿と指導要録の記入文例

まえがき ── 003

［道徳の評価］解説編

1 「特別の教科 道徳」と新学習指導要領との関係はどのようになっているか ── 010

(1) 道徳教育の目標 ── 010
(2) 「特別の教科 道徳」の目標 ── 010
(3) 「道徳性」とは何か ── 011
(4) 道徳教育と道徳科との関係 ── 012
(5) 道徳教育と育成すべき資質・能力との関係 ── 012

2 道徳教育と指導要録の「特別の教科 道徳」「行動の記録」「総合所見」との関係はどのようになっているか ── 015

(1) 正しい専門用語とは ── 015
(2) 道徳教育と関係する指導要録の記録欄はどのようになったか ── 016

3 道徳科の評価の基本と留意点はどのようになっているか ── 022

(1) 評価の基本的な考え方 ── 022
(2) 道徳科の評価における留意点 ── 023
(3) 指導要録「特別の教科 道徳」欄を書くためのポイント ── 026
(4) 道徳科の内容項目と評価の関係 ── 028

4 道徳の評価の視点はどのようなものがあるか ─── 029

(1) 「主体的・対話的で深い学び」と学習評価 ─── 029
(2) 新学習指導要領の育成する資質・能力の3つの柱 ─── 030
(3) 評価の観点に関する留意点 ─── 032

5 評価資料収集・評価方法はどのようにするのか ─── 033

(1) 道徳科の評価資料収集の考え方 ─── 033
(2) 観察・会話 ─── 033
(3) ワークシート・作文・ノート ─── 034
(4) 質問紙・テストなど ─── 036
(5) 面接など ─── 036
(6) 多様な評価方法 ─── 037

6 道徳教育を充実するためのアセスメントとは ─── 043

(1) 道徳教育の目標追究を支える3つの根本力 ─── 043
(2) 道徳性を構成する3つの諸様相 ─── 044
(3) 日常生活での行動に関するアセスメント ─── 045
(4) 学級の成長と道徳的風土に関するアセスメント ─── 045
(5) 道徳の授業の取組に対するアセスメント ─── 046

7 道徳アセスメントシステムの活用と紹介 ─── 047

(1) 道徳アセスメントシステムの紹介 ─── 047
(2) HUMANとBEINGの結果資料 ─── 049
(3) 道徳アセスメントシステムの活用 ─── 050
　● 道徳性アセスメントHUMAN ─── 051
　● 道徳教育アセスメントBEING ─── 054

［道徳の評価］通信簿の文例 編

1 通信簿の所見文記入のポイント ———— 058

2 通信簿の「視点別」評価文例の構成 ———— 060

3 発達段階ごとの児童・生徒理解の特徴 ———— 062

4 通信簿の「視点別」記入文例・小学校 ———— 066

- 内容項目 —— 066
- 道徳的価値の理解 —— 080
- 自己を見つめる —— 082
- 多面的・多角的に考える —— 083
- 自己の生き方 —— 084
- 育成する資質・能力 —— 085

5 通信簿の「視点別」記入文例・中学校 ———— 088

- 内容項目 —— 088
- 道徳的価値の理解 —— 104
- 自己を見つめる —— 106
- 多面的・多角的に考える —— 109
- 人間としての生き方 —— 111
- その他 —— 112

6 定番教材の記入文例 ———— 114

- 小学校・低学年 —— 114
- 小学校・中学年 —— 117
- 小学校・高学年 —— 120
- 中学校 —— 123

［道徳の評価］指導要録の文例編

1 指導要録の「特別の教科　道徳」記入のポイント ―― 130

2 道徳科の評価と入学者選抜との関係 ―― 132

3 学校の教育活動全体を通じて行う道徳教育の評価 ―― 133

4 指導要録の「特別の教科　道徳」記入文例 ―― 134
- 学習状況 ―― 134
- 道徳性に係る成長の様子 ―― 135
- 学習活動 ―― 136
- 主体的・対話的で深い学び ―― 140
- 育成する資質・能力の3つの柱 ―― 142
- 道徳性の諸様相 ―― 144
- 指導法との関連 ―― 145
- いじめ問題・現代的な課題 ―― 147
- その他 ―― 149

5 指導要録の「総合所見及び指導上参考となる諸事項」記入文例 ―― 150
- 行動に関する所見 ―― 150
- 総合所見及び指導上参考となる諸事項 ―― 154

参考文献 ―― 157

道徳の評価

解説編

1 「特別の教科　道徳」と新学習指導要領との関係はどのようになっているか

武庫川女子大学大学院教授　押谷由夫

（1）道徳教育の目標

> 　道徳教育は，教育基本法及び学校教育法に定められた教育の根本精神に基づき，自己の生き方（人間としての生き方）を考え，主体的な判断の下に行動し，自立した人間として他者と共によりよく生きるための基盤となる道徳性を養うことを目標とする。
> 　　　　　　　　　　　　　　　　　　　　　　　　（　）書きは中学校

　新学習指導要領では，道徳教育の目標について，上記のように記されている。
　道徳教育の目標には，人間としての自分らしい生き方をしっかり考え，日常生活や様々な学習活動において主体的に追い求めながら，自己を形成し，みんなと一緒になってよりよい社会を創っていける子どもたちを育てることが明記されている。

（2）「特別の教科　道徳」の目標

> 　道徳教育の目標に基づき，よりよく生きるための基盤となる道徳性を養うため，道徳的諸価値についての理解を基に，自己を見つめ，物事を（物事を広い視野から）多面的・多角的に考え，自己の生き方（人間としての生き方）についての考えを深める学習を通して，道徳的な判断力，心情，実践意欲と態度を育てる。
> 　　　　　　　　　　　　　　　　　　　　　　　　（　）書きは中学校

　道徳教育は，「特別の教科　道徳」（以下「道徳科」）を要として学校の教育活動全体を通じて行うものであるが，道徳科では，人間としてよりよく生きる指針となる道徳的諸価値についての理解を深めながら，自己を見つめ，物事を多面的・多角的に考えて，人間としてよりよき生きる力を引き出し，計画的・発展的・総合的に育てていくのである。

(3)「道徳性」とは何か

> **道徳性とは**（学習指導要領解説 特別の教科 道徳編から）
> - よりよく生きるための営みを支える基盤となるもの
> - 人間としての本来的な在り方やよりよい生き方を目指して行われる道徳的行為を可能にする人格的特性であり，人格の基盤をなすもの
> - 人間らしいよさであり，道徳的価値が一人一人の内面において統合されたもの

　道徳教育とは，道徳性の育成を図るものではあるが，一般的には，道徳的な生き方や行為を可能にする内面的資質であると同時に，外面に現れた道徳的な生き方や行為を一体的に捉えて，道徳性とみなす。

　例えば，あいさつしたり，困っている友達に声をかけたりしている子どもには，道徳性が育っていると評価される。その場合は，表情やしぐさから内面も育っているとみなされるときである。

　「特別の教科　道徳」の目標には，「道徳的な判断力，心情，実践意欲と態度を育てる」と記されている。

道徳性の構成モデル

道徳性
- 道徳的実践，道徳的習慣 道徳的実践意欲と態度
- 道徳的価値の理解
- 道徳的心情
- 道徳的判断力

（4）道徳教育と道徳科との関係

> 学校における道徳教育は，特別の教科である道徳（以下「道徳科」という。）を要として学校の教育活動全体を通じて行うものであり，道徳科はもとより，各教科，《外国語活動，》総合的な学習の時間及び特別活動のそれぞれの特質に応じて，児童（生徒）の発達の段階を考慮して，適切な指導を行わなければならない。　　《　》書きは中学校は削除，（　）書きは中学校

　道徳科は道徳教育の一部であるが，道徳教育は，各教科を含め，学校の教育活動全体で行うものであるのに対して，道徳科は，それらを含みこんで道徳教育の要の役割を果たすものである。

（5）道徳教育と育成すべき資質・能力との関係

① 新学習指導要領と育成すべき資質・能力

　下記は新教育課程で育成すべき資質・能力であるが，道徳科を要とした道徳教育で育成する資質・能力は，自立した人間として他者と共に生きるために基盤となる道徳性である。

　なお，ここでの「道徳性」は，各教科等で育成する資質・能力である3つの柱の1つ「学びに向かう力，人間性等」の基盤となるものである。

学習指導要領で育成を目指す資質・能力の3つの柱

- どのように社会・世界と関わり，よりよい人生を送るか
  学びに向かう力，人間性等
- 何を理解しているか　何ができるか
  知識・理解
- 理解していること・できることをどう使うか
  思考力・判断力・表現力等

「確かな学力」「健やかな体」「豊かな心」を総合的にとらえて構造化

「中教審答申，平成28年12月21日」補足資料より

② **道徳的資質・能力を育成するために道徳科で行う学習**

次に道徳科では，道徳的資質・能力の中核となる道徳的判断力，道徳的心情，道徳的実践意欲・態度を養うための具体的な学びが挙げられている。

> ❶道徳的価値を理解する
> ❷自己を見つめる
> ❸物事を（広い視野から）多面的・多角的に考える
> ❹自己の（人間としての）生き方についての考えを深める
>
> （　）書きは中学校

これらは道徳授業で評価する道徳性を育成する学習の視点である。道徳的価値については，基盤となる道徳性を養うものであり，特定の価値観を絶対的なものとしたり，そのよさや大切さを観念的に理解させたりする学習に終始することのないよう配慮が求められている。

❶道徳的価値を理解する

道徳的価値とは，よりよく生きるために必要とされるものであり，人間としての在り方や生き方の礎となるもの。

道徳的価値の理解においては，次の３点がポイントになる。

道徳性を育成する学習の視点

```
       ┌─────────────────┐
       │  道徳的諸価値の理解  │
       └─────────────────┘
         ↗↙           ↘↖
 ┌──────────┐      ┌──────────────┐
 │ 自己を見つめる │ ⇔  │ 物事を多面的・  │
 │          │      │ 多角的に考える   │
 └──────────┘      └──────────────┘
              ↓
 ┌─────────────────────────────────┐
 │ 人間としての自分らしい生き方についての考えを深める │
 │ （道徳的判断力，心情，意欲・態度の計画的・発展的指導）│
 └─────────────────────────────────┘
```

1つは道徳的価値は，人間としてよりよく生きるための基本となるものであること。
　2つは道徳的価値は一生追い求めるものであり，多様な感じ方・考え方があること。
　3つは道徳的実践には，複数の道徳的価値が関わっていること。
❷自己を見つめる
　人間らしさの根幹である道徳的価値に照らして自分を探っていくこと。様々な関わりの中で生きている（生きてきた，生きていく）自分を自覚し，そこから自己の成長とともに，自己の課題を見いだし，その克服へと意欲づけるような見つめ方が求められる。
❸物事を多面的・多角的に考える
　いろいろな道徳的事象や道徳的状況を道徳的価値の側面から多様に考えることであり，人間としてよりよく生きることと，よりよい社会や集団をつくっていくことに向かうようにすることが大切である。そのことを踏まえて道徳的な事象や状況をどう捉え，どう判断し，どう対処すればよいのかについて，主体的に考えられるようになることを求めている。
❹自己の生き方についての考えを深める
　道徳的価値の理解を基に，自己を見つめ，物事を多面的・多角的に考えることを通して形成される道徳的価値観を基盤として，自己の生き方についての考えを深めていること。
　以上は，道徳科の評価の視点にもなるが，詳細はP26〜27を参照されたい。
③　「主体的・対話的で深い学び」と学習
　道徳科では，新学習指導要領を先取る形で，「考え，議論する（対話し自己の生き方を深める）道徳」へと質的転換を図り，「主体的・対話的で深い学び」の実現を図っている。具体的には，自我関与を重視した学習や問題解決的な学習や体験的な学習を授業に工夫することでより豊かな道徳性の育成を図っている。そこでは道徳科の指導と評価の一体化が求められて，評価の視点ともなるが，詳細は，P29〜30を参照されたい。

一般財団法人応用教育研究所所長 **石田恒好**

道徳教育と指導要録の「特別の教科　道徳」「行動の記録」「総合所見」との関係はどのようになっているか

（1）正しい専門用語とは

　まえがきで述べたように道徳教育の評価に入る前に，世間語「評価」の誤用が，教育の専門語「評価」を正しく理解することを妨げている。道徳教育は評価を行ってこなかったので，教科化は，正しい用語で正しく理解して行う好機である。

　本節はひとまず，基本語のいくつかの語義を示し，それに従った正しい用語で述べることにしたいが，元の用語がわからないと正確に意図を読み取れない恐れがある。そこで，この節では評価（評定）といったように，誤った用語に，正しい語を括弧内に示して述べることにする。

①**教育の専門語「評価」**：目標の実現状況を測定して資料とし，教育が目標実現に機能しているかを「値ぶみ，点検，反省」すること。未実現の目標は，補習するか，次の学習機会で強化目標とするまでを含む。

②**評定**：学力等を測定して，1，2，3等を付けるのは点数式「評定」といい，「十分満足できる状況にある」と判定するのは記述「評定」という。したがって，上位7％を5とするのは，点数式の相対「評定」であって相対評価ではない。

③**世間語「評価」**：物品への値ぶみが本来だが，幅広く使われ，1，2，3等と成績を付けるのは，専門的には「評定」だが，世間では「評価」といっている。現在，教育で世間語「評価」が「評定」に取って代わり，専門語「評価」は絶滅危惧状況である。正しい用語の普及徹底が急がれる。

（2）道徳教育と関係する指導要録の記録欄はどのようになったか

> 道徳に関係のある記録欄は，合わせて3つになった。
> 1)「特別の教科　道徳」欄の新設……教科化に伴い，道徳授業に特化
> 2) 従来どおり「行動の記録」
> 3) 従来どおり「総合所見及び指導上参考となる諸事項」

　指導要録は，「指導の過程及び結果を要約して記録」した指導の資料並びに外部への証明の原簿である。指導機能と証明機能を有するということであるが，特に証明機能のためには，事実の記録であることが求められる。教師の解釈や想像などの主観を排除する必要がある。

1)「特別の教科　道徳」欄の新設

> 「特別の教科　道徳」における記述内容は，
> ❶「学習状況」
> ❷「道徳性に係る成長の様子」

・スペースが狭いこともあって，個々の内容項目ごとではなく，大くくりなまとまりであること。
・他の児童・生徒との比較ではなく，児童・生徒の成長を積極的に認めて励ます個人内評価（評定）で行う。
・数値による評価（点数式評定）ではなく，記述式（記述評定）で行う。
　つまり，個人内評価（評定）は所見なので，「特別の教科　道徳」の「所見」を行ったことになる。

❶「学習状況」
　2つの視点から見取る。特に顕著な学習状況を記録する。
　①　他者の考え方や議論に触れ，自律的に思考する中で一面的な見方から多面的・多角的な見方へと発展しているか。

> 【文例】自分と違う意見をよく理解しようとし，道徳的価値を多面的・多角的に考え，理解しようとしている。成長が見られる。

② 多面的・多角的思考の中で道徳的価値の理解を自分自身の関わりの中で深めているか。

> 【文例】教材の人物を自分に置き換えて理解し，道徳的価値の実現を自分のこととして捉え，考えている。大変成長している。

・授業中の学習の状況を見取って記録する。
・１時限に見取れる人数は限られるので，時限ごとに見取る児童・生徒を指定して行い，一定期間にすべての児童・生徒を見取るようにする。
・これを１年間に，何回か繰り返すと客観的で事実の資料が収集できる。
・作文，感想文，ノート，質問紙への回答などに，どのように考え判断し，どのような結論を得たか，どのような気持ちになったかを書くようにすれば，学習状況や道徳性の構成要素について書いた事実を収集できる。
・具体的な行動で表出された事実を収集すること。

❷「道徳性に係る成長の様子」
・記述は，内容項目ごとではなく，大くくりなまとまりで行うが，記録のための資料は，大くくりではなく，個々の内容項目（道徳的価値）について授業中に収集する。それを大くくりで記述する。
・道徳性の構成要素である「判断力，心情，実践意欲と態度」は，内面なので見取ること（観察）はできないので，それが表出された発言，会話，行動をリストにして見取る。
・発言，会話，行動，作文，感想文，ノート等も必要な資料だが，個々の内容項目について課題解決場面を設定し，主人公の身になって，自分ならどう考え判断し，どう行い，行ったときにどう感じるだろうかを回答させる質問紙（ワークシート）が，最も確かな資料となる。

というのは，普通「特別の教科 道徳」の授業は，目標をまず設定する。目標は，当然，「親切，思いやり」といった個々の内容項目（道徳的価値）であり，本時の目標として具体化して，①親切，思いやりが人との関わり方で

大切なことを理解する，②親切な行いをしたときの心地よさを感じる，③親切な行いをしたいと思う，というように設定する。指導計画を立て，実施して，評価を行う。教育における「評価」は，まず目標の実現状況を測定することである。この場合は，①大切さを理解できたか，②心地よさを感じたか，③行いたいと思ったか，を丁寧に回答させ，実現状況を把握する。

　それを学年の終わりに，内容項目ごとに記入した一覧表をつくり，高い内容項目を本人としての特長と認めると**横断的個人内評定**となる。

　そして，時を追って向上している項目を本人としての成長と認めると**縦断的個人内評定**となる。

　課題解決型の質問紙を個々の内容項目ごとに作成・実施すれば，この欄へ記入できる資料が得られる。

　しかし，ここからが，教育における「評価」の核心である。目標実現の状況を資料として，教育（指導，学習）が目標実現のために機能したかを「評価」する。

・「目標実現」が高いところは「十分機能した」と高く評価する。
・「目標実現」が低いところは，「機能が不十分だった」と低く評価し，「点検，反省」するか，次の学習機会での強化目標（領域）とする。

　教育における「評価」は，教育が機能しているか「値ぶみ，点検，反省」することである。現在，「評定」を「評価」とする誤用から，「評定」をして「評価」をしたと誤解し，「評価」を行わないで次へ進んでいるのである。

2）「行動の記録」

> 「行動の記録」については，これまでどおり行えばよい。
>
> この欄は，学校生活全体にわたって認められる児童生徒の行動について，項目ごとにその趣旨に照らして「十分満足できる状況」の場合に○印を記入する。

・「十分満足」「そうではない」の2段階の絶対評定である。
・「特別の教科 道徳」の内容項目と矛盾するものではないが，見取る場面は「特別の教科 道徳」が教科指導に対して，学校生活全体である。
・評定も「特別の教科 道徳」が記述式の個人内評定であるのとは異なり，絶対評定である。（下表参照）
・ただし，絶対評定の場合，学校生活全般にわたって，いろいろな測定技術で収集した資料に基づいて評定を行うとき，各項目について「十分満足」という状態（基準）を各趣旨に照らして設定しておく必要がある。これが設定されていないと評定の妥当性，信頼性に疑問が生じる。それを保証するには，教育評価委員会を設け学校としての基準を作成することが必要である。

道徳に関係する指導要録の記録欄の違い

欄名	評価・評定の性質	評価場面
1）「特別の教科 道徳」	・個人内評価（評定） 　横断的個人内評定 　縦断的個人内評定 ・大くくり ・記述式	道徳の授業
2）「行動の記録」	・絶対評定	学校教育全体
3）「総合所見及び指導上参考となる諸事項」	・個人内評価（評定） ・記述式	学校教育全体

【資料収集のポイント】
- 質問紙では,「いつもしんぼう強くやりとげているか」といったように程度を問うようにする。
- 観察の場合は,チェック・リスト法で,チェックの数で程度を判断できるようにする。
- 行動の水準を尺度によって判定し,妥当性,信頼性が確認されている道徳性標準検査は,検査の内容項目が,「行動の記録」の項目と同じものがかなりあるので,「十分満足」の水準であるかを確認できる確かな資料を得るために活用できる。

これまで道徳教育については,「道徳の記録」に特化した欄を設けず,ここで行っていたので,特化した「特別の教科　道徳」との関係が気になるところである。

「特別の教科　道徳」の目標は,道徳性育成の教科であるので,教科としての指導場面での学習状況と道徳性に係る成長の様子を認める個人内評価（評定）を行って記録する。

「行動の記録」は,学校生活全体としての指導場面で行動の様子を,絶対評価（評定）を行って記録する。目標,場面,対象,評価（評定）法が違う別物ということである。

3）「総合所見及び指導上参考となる諸事項」

> 「総合所見」欄は,指導要録においては,個人内評価（評定）のように,本人としての特徴,成長の様子を記述式で記録する。

「特別の教科　道徳」欄は,個人内評価（評定）で本人としての成長の様子を記述式で記録するもので,「所見」である。しかし,「総合所見」に同じものを書くことはできない。「行動」の所見は,この欄に記録する。

したがって,「総合所見」欄に記録する「道徳の所見」は,学校教育全体で行う道徳教育においての本人としての道徳性の特徴と成長の様子を,当該学年で集めた資料に基づいて記録することになる。「特別の教科　道徳」の

資料を含めてである。

　なお，標準検査を年度末に実施すれば，各項目の水準が年度によって明らかになり，特徴が把握でき，前年度末との比較で成長の様子も把握でき，記録に大変役に立つ資料となる。そして，「特別の教科　道徳」は道徳性の育成が目標なので，「成長」に重きを置き，学校教育全体では実態が大切なので，「特徴」に重きを置いて記録するとよい。

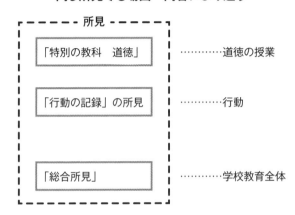

同じ所見でも場面・内容により違う

岐阜大学大学院准教授 柳沼良太

3 道徳科の評価の基本と留意点はどのようになっているか

(1) 評価の基本的な考え方

　従来の「道徳の時間」が「特別の教科 道徳」(以下「道徳科」)として新たに位置づけられたことにより，道徳科の目標や指導と一体化した評価を適切に行うことが求められている。具体的には，道徳科の目標に示された「道徳的諸価値についての理解を基に，自己を見つめ，物事を（広い視野から）多面的・多角的に考え，自己（人間として）の生き方についての考えを深める」という学習活動自体を評価する。

　【道徳科の評価の目的】個々の子どもの道徳性に係る成長を促すとともに，学校における指導の改善・充実を図ること。

　［子どもの側から］自らの成長を実感し，よりよく生きようとする意欲の向上につなげていくための手がかりとする。

　［教師の側から］自らの授業の目標（ねらい）や計画（学習指導過程），そして指導方法の改善・充実を図るための判断材料となる。

　道徳科の改善・充実を図るには，目標と指導と評価を適切に関連づけ，計画・実践・検証（評価）・改善という一連のPDCAサイクルに対応させる。

① まず，学校における道徳教育の目標や道徳科の目標に基づいて，個々の道徳授業を計画する（Plan）。

② こうした計画に基づく指導案に即して実際に道徳授業を実践する（Do）。

③ 指導のねらいや内容に照らして，学習状況や指導を通じて表れる子どもの道徳性に係る成長の様子を継続的に把握して評価する（Check）。

④ 最後に，その結果を踏まえて，道徳科の取組や教師の指導法に活かしたり改善したりする（Action）。

　こうした道徳科のPDCAサイクルの中でも，授業の評価が肝心になる。

道徳科の評価における留意点

❶数値評価ではなく，記述式で評価
❷いかに成長したかを積極的に受け止め，励ます個人内評価
❸個々の内容項目ではなく，大くくりなまとまりを踏まえた評価
❹子どもが自らの成長を実感し，意欲的に取り組むための肯定的な評価
❺発達障害等のある子どもが抱える学習上の困難さの状況を踏まえた指導及び評価上の配慮を行うこと

（2）道徳科の評価における留意点

　従来の「道徳の時間」でも評価を行う必要はあったが，指導要録に固有の記録欄が設定されていなかったため，十分な評価が行われなかった。こうした状況を改め，指導要録に道徳科用の記録欄を設定し，子どもの学習状況や道徳性に係る成長の様子を把握する評価が行われることになった。
　以下に道徳科の評価で留意すべき諸点を取り上げる。
❶数値評価ではなく，記述式で評価
　道徳科で道徳性に係る成長の様子を評価する際は，多様な子どもたちがいることを前提にして，子ども一人一人の人格全体を尊重し，個人内の成長の過程を重視する。そのため，各教科のように観点別で数値による評価を客観的に示すのではなく，個人内の成長を肯定的に捉えた評価を記述式で示す。
❷いかに成長したかを積極的に受け止め，励ます個人内評価
　個人内評価は，本人の中で変容や特性を評価するものであるが，道徳科で

は，子どもの道徳性が授業を通じていかに成長・発達したかを積極的に受け止めることになる。それゆえ，授業を通していかに成長したかを積極的に受け止め，励まし，勇気づけるような個人内評価とすることが重要になる。

　道徳科では，各教科のように知識理解や思考力を他の子どもと比較して相対評価することはしない。その評価は個々の子どもの道徳性に係る成長を促すためのものであって，他者と比較して道徳性の優劣を示すものではない。

> 【文例】相手の気持ちをよく考え，思いやりのある言動ができるようになった。

❸個々の内容項目ではなく，大くくりなまとまりを踏まえた評価

　道徳科では，各授業で取り上げた内容項目一つ一つを評価するのではなく，学期や学年を通して取り扱った内容項目全体に対して，大くくりなまとまりを踏まえて評価とする。そこでは，「正義」や「思いやり」という個々の道徳的価値やそれを含んだ内容項目ごとに評価するのではなく，他者との関係や集団との関わりとして大くくりに捉え，継続的かつ総合的に評価することになる。

> 【文例】集団の中で自己の考えを適切に発表したり，他者の意見に共感したりして考えを深めることができるようになった。

❹子どもが自らの成長を実感し，意欲的に取り組むための肯定的な評価

　道徳科では，子どもが学習を通じて自らの成長を実感し，今後も意欲的に取り組もうとする評価をすることが大事である。道徳性を否定的に捉えるのではなく，努力や成長を肯定的に捉えて学習意欲を高めるようにする。

> 【文例】自分の長所を見いだし，それを伸ばそうと意欲的に学習に取り組むようになった。

　こうした肯定的な評価をするためには，道徳科の授業において教師は子どもと信頼関係を築き，人格的な触れ合いによって共感的な理解をするようにする。

❺発達障害等のある子どもが抱える学習上の困難さの状況を踏まえた指導及び評価上の配慮を行うこと

　特別支援学校小学部，中学部の児童・生徒の学習評価に対する考え方は，小学校や中学校の子どもに対する評価の考え方と基本的に変わらない。その中では，学習上の困難さ，集中することや継続的に行動をコントロールすることの困難さ，他人と社会的関係を形成することの困難さなど，状況ごとに指導上の配慮が必要になる。

　道徳科の評価では，困難さの状況ごとの配慮を踏まえ，上述した配慮を伴った指導を行う。そのうえで，相手の意見を取り入れつつ自分の考えを深めている点や，多面的・多角的な見方へ発展させていたり道徳的価値を自分のこととして捉えていたりしている点を丁寧に見取る必要がある。また，特別支援が必要な子どもが他の子どもたちからも許容してもらえるように学級の雰囲気をつくることにも配慮する。

　評価のための資料を集めて検討するに当たっては，一人一人の障害による学習上の困難さの状況をしっかり踏まえた上で，評価することが重要である。こうした諸点を発達障害児等の子どもについて配慮すべき観点等を学校や教員間で共有することが大事になる。

（3）指導要録「特別の教科　道徳」欄を書くためのポイント

　道徳科の指導要録には，子どもの学習状況や道徳性に係る成長の様子を見取り，記述することになる。したがって，個人内評価として見取ったことを大くくりなまとまりにより記述式で評価する。評価の視点としては，以下の3点に注目する必要がある。

　なお，学校の教育活動全体を通じて行う道徳教育と関係する「行動の記録」「総合所見及び指導上参考となる諸事項」の欄については，既述した（→P19〜21）。

❶多面的・多角的な見方へと発展させている点

　まず，「子どもが一面的な見方から多面的・多角的な見方へと発展させているかどうか」という点が大事になる。例えば，①道徳的な問題に対する判断の根拠やそのときの心情を様々な視点から捉え考えようとしていることや，②自分と違う意見や立場を理解しようとしていること，③複数の道徳的価値の対立が生じる場面において取り得る行動を多面的・多角的に考えようとしていることを発言や感想文や質問紙の記述等から見取るという方法が考えられる。

> 【文例】自分の意見にばかりこだわっていたが，友達の意見を取り入れ，関係者の心情や事情にも配慮できるようになった。

❷道徳的価値の理解を自分自身との関わりの中で深めている点

　次に，「道徳的価値の理解を自分自身との関わりの中で深めているかどうか」という点に注目することになる。例えば，①読み物教材の登場人物を自分に置き換えて考え，自分なりに具体的にイメージして理解しようとしていることに着目したり，②自らの生活や考えを見直していることがうかがえる部分に着目したりするという視点も考えられる。

> 【文例】登場人物の心情をただ理解するだけだったが，自分が登場人物ならどうするかを切実に考えられるようになった。

　より具体的には，道徳的価値を実現することの難しさを自分事として捉

え，考えようとしているかという視点も考えられる。

> 【文例】他者の過ちを注意できずにいたが，実践の難しさを理解しながらも，具体的な声のかけ方について考えられた。

❸子どもが道徳的諸価値の理解を深めている点

　具体的には，道徳的な問題に対して自己の取り得る行動を他者と議論する中で，道徳的諸価値の理解をさらに深めている様子を見取る。ただし，特定の道徳的価値の理解を指導要録に記すことは避ける必要がある。

> 【文例】自由とは好き勝手なことができることだと考えていたが，自由でも自他を尊重しながら分別のある行為をすべきであることに気付いた。

　さらに，道徳科の授業において発言が多くない子どもや考えたことを文章に記述することが苦手な子どもがいることに配慮する必要がある。こうした場合，授業中の発言や記述ではない形でも，教師の話や他の子どもの話に聞き入り考えを深めようとしている姿に着目して評価することができる。

> 【文例】・身近な道徳的問題を主体的に考えることができた。
> 　　　　・他の子どもの話を積極的に傾聴していた。

（4）道徳科の内容項目と評価の関係

❶内容項目は取り扱うべき内容であって，それ自体が目標とする姿ではない

　道徳科の内容項目は，子どもの発達段階や状況等を考慮して，よりよく生きる力を育む上で重要と考えられる道徳的価値を含む内容を平易に表現したものである。これらの内容項目は，道徳科において人間としてのよりよい生き方を求め，共に考え議論し，それを実行しようとする意欲や態度を養うための共通課題となる。

　ただし，それぞれの内容項目は，道徳の指導に当たって取り扱うべき内容であって，それ自体が目標とする子どもの姿を表すものではない。それゆえ，子どもに対して一方的に道徳科の内容項目を教え込むような指導をするべきではない。内容項目に含まれる道徳的価値について，一般的な意味をただ理解させるのではなく，子どもの発達段階を踏まえて，その意義や具現化した行動などについて自己との関わりや社会的な背景なども含め，多面的・多角的な視点から考えさせることにより，総合的に道徳性をはぐくむようにする。

❷内容項目それ自体が評価対象となることはない

　道徳科の内容項目は，あくまでも子どもの道徳性を養うための手掛かりとなるものであって，道徳性それ自体を意味するものではない。道徳科の目標は「よりよく生きるための基盤となる道徳性を養う」ことであり，評価の対象は「学習状況及び道徳性に係る成長の様子」であるため，道徳科の内容項目それ自体が評価の対象となることはない。

　それゆえ，道徳科の個別の内容項目を評価することはしないため，例えば，「思いやり」，「正義」，「愛国心」などを個別に評価することはしない。道徳科の評価は，道徳科の授業の中で道徳的な問題を自分のこととして考えたり，他人の考えなどをしっかり受け止めたりしているという成長の様子を丁寧に見取って行うものである。

岐阜大学大学院准教授 柳沼良太

4 道徳の評価の視点はどのようなものがあるか

(1)「主体的・対話的で深い学び」と学習評価

　道徳科では「考え,議論する道徳」へと質的転換を図り,「主体的・対話的で深い学び」の実現を目指す学習指導要領全体の改訂を先取っている。この「主体的な学び」,「対話的な学び」,「深い学び」という3つの視点を学習評価と関連づけることができる。

① 「主体的な学び」の視点

　道徳科の「主体的な学び」とは,子どもが問題意識をもち,自己を見つめ,道徳的価値を自分自身との関わりで捉え,自己の生き方について考える学習とすることや,各教科で学んだこと,体験したことから道徳的価値に関して考えたことや感じたことを統合させ,自ら道徳性を養う中で,自らを振り返って成長を実感したり,これからの課題や目標を見つけたりすることができるよう工夫することである。

　こうした「主体的な学び」は,子どもが道徳的問題に取り組む学習指導過程全体で見取ることができるため,その学習活動それ自体を評価する。

> 【文例】・道徳的課題を自ら見いだすことができた。
> 　　　・自らの経験と結び付けて主体的に解決できた。
> 　　　・新たな課題や目標を設定して努力しようとした。

② 「対話的な学び」の視点

　道徳科の「対話的な学び」とは,子ども同士の協働,教員や地域の人との対話,先哲の考え方を手掛かりに考えたり,自分と異なる意見と向き合い議論すること等を通じ,自分自身の道徳的価値の理解を深めたり広げたりすることである。こうした話合いでは,何らかの合意を形成することが目的ではなく,将来,道徳的な選択や判断が求められる問題に対峙したときに,自分

にも他者にとってもよりよい選択や判断ができるような資質・能力を育てることが目的である。

こうした「対話的な学び」では、子どもが考えを広げたり深めたりする過程を評価することになる。

> 【文例】道徳的問題について他の人々と意見を交流しながら協働し、道徳的な選択や判断ができるようになった。

③ 「深い学び」の視点

「深い学び」とは、道徳的諸価値の理解を基に、自己を見つめ、物事を多面的・多角的に考え、自己の生き方について考える学習を通して、様々な場面や状況において、道徳的価値を実現するための問題状況を把握し、適切な行為を主体的に選択し、実践できるような資質・能力を育てることである。

こうした「深い学び」では、子どもが問題の発見（把握）や解決を通して考えを深めていく過程を評価することができる。

> 【文例】・道徳的問題を自分事として捉え、自己の生き方について考えを深めている。
> ・道徳的価値に関わる自分の考え方や感じ方を振り返って、今後のあり方について考えている。

（2）新学習指導要領の育成する資質・能力の３つの柱

第１章で示したように、各教科等で育成する資質・能力が３つの柱、①知識・技能、②思考力・判断力・表現力等、③学びに向かう力、人間性等、で整理されている。それに対応して、学習評価も、この資質・能力の３つの柱に基づき、構造化された各教科の目標・指導内容を踏まえて行うことになる。

ただし、道徳科では育成する子どもの道徳性を、各教科等のように資質・能力の３つの柱で単純に分節することはできないが、それに対応した整理をして評価と関連づけることはできる。

① 「知識・技能」の習得

「知識・技能」とは、具体的には「何を理解しているか、何ができるか」

である。これを道徳科の目標と関連づけると，知識・技能の習得は「道徳的諸価値についての理解」に対応する。ここでいう道徳的諸価値は，学習指導要領の内容項目と関連している。

> 【文例】・主体性をもって法やきまりを守ることの意義を理解することができた。
> ・場面に応じた礼儀作法の仕方を理解して実践できる。

② 「思考力・判断力・表現力等」

「思考力・判断力・表現力等」は，具体的には「理解していること・できることをどう使うか」である。これを道徳科の目標と関連づけると，道徳的問題について「物事を（広い視野から）多面的・多角的に考え，自己（人間として）の生き方についての考えを深める」点が対応する。このように多面的・多角的に考える学習活動や自己（人間として）の生き方について考えを深める学習活動を通して，思考力・判断力・表現力を育成することができる。

> 【文例】・自己中心的な見方から，公平で公共的な見方ができるようになった。
> ・一面的・一方的な見方が多面的・多角的な見方に発展した。

③ 「学びに向かう力，人間性等」

「学びに向かう力，人間性等」とは，具体的には「どのように社会・世界と関わり，よりよい人生を送るか」である。こうした「学びに向かう力，人間性等」を道徳科の目標と関連づけると，「よりよく生きるための基盤」としての道徳性に対応しており，それは「自己を見つめ」「自己（人間として）の生き方についての考えを深めること」で養われる。

ただし，この「学びに向かう力，人間性等」は，(A)「主体的に学習に取り組む態度」として観点別評価（学習状況を分析的に捉え評価する）を通じて見取ることができる部分と，(B)観点別評価や評定になじまず，こうした評価では示しきれないことから個人内評価（一人一人のよい点や可能性，進歩の状況について評価する）を通じて見取る部分がある。

(A)の「主体的に学習に取り組む態度」としては，授業の後や学期等の最後

にアンケート調査によって，子ども自身が「主体的・意欲的に取り組むことができた」等の自己評価も対象となる。

> 【文例】・道徳的問題について積極的に取り組んでいる。
> ・日常の生活や次の授業につなげていこうとしている。

その一方で，(B)で指摘する「人間性等」は子どもの感性や個別の道徳的価値観が幅広く含まれているため，観点別学習状況の評価となる対象から外す。そして，どのように学びを深めたかを個人内評価で見取ることになる。

> 【文例】・初めは道徳科のノート等に自己の生き方をあまり記述できなかったが，授業の回を重ねるごとにより記述が増えた。
> ・「思いやり」などに関わるテーマについての認識が，学期や学年を通じて多面的・多角的に把握できるようになったり，具体的な道徳的問題を適切に解決できるようになったりした。

(3) 評価の観点に関する留意点

上述したように，道徳科においても「資質・能力の3つの柱の観点」と関連づけて評価を考えることはできるが，いくつか留意すべき点がある。

❶3つの柱で分けて，そのまま観点別評価（学習状況を分析的に捉える評価）にすることはできないことである。

前節で述べたように，人間性は道徳性と直接関連しているが，子ども一人一人の感性や価値観と深く結び付いているからである。

❷道徳科で育成すべき道徳性の諸様相（道徳的判断力，心情，実践意欲と態度など）について分節して観点別評価をすることもできない。

これらの諸様相は簡単に分けて分析できるものではなく，総合的に関連して働くからである。

道徳科の評価については，道徳科の目標を踏まえて子どもたちの学習活動それ自体を評価することになる。特に，子どもの具体的な取組状況を，一定のまとまりの中で，学習の見通しを立てたり学習したことを振り返ったりする活動を見取ることになる。

岐阜大学大学院准教授 **柳沼良太**

5 評価資料収集・評価方法はどのようにするのか

(1) 道徳科の評価資料収集の考え方

　道徳科の評価は，学習活動における「児童生徒の学習状況や道徳性に係る成長の様子」を個人内評価として丁寧に見取り，記述式で表現することになる。道徳科において個人内評価を記述で行うためには，子どもの学習活動を踏まえ，観察や会話，作文やノートなどの記述，質問紙などを重視することになる。

　こうした活動において例えば，「他者の考え方や議論に触れ，自律的に思考する中で，一面的な見方から多面的・多角的な見方へと発展しているか」，「多面的・多角的な思考の中で，道徳的価値の理解を自分自身との関わりの中で深めているか」といった点を見取ることになる。

　平成20年8月の学習指導要領の解説書では，「学校生活における教師と児童の心の触れ合いを通して，共感的に理解し評価する」ことを前提として，以下の例示がなされている。

(2) 観察・会話

　子どもが毎日の生活や学習の中で示すあるがままの姿を観察する。また，普段，子どもと会話する中で得られた内容を記録しておき，子ども理解に役立てる方法である。教師が子どもをよく観察して，記録を積み上げていく。

- 道徳科のねらいや指導法に応じて，あらかじめ観察の観点を定めたり，テーマごとに観点を決めたりすることもできる。できるだけ計画的，継続的に観察を行うことが望まれる。
- 何らかのテーマを決めて意図的に話しかけたり，それに即して授業で意図的に指名をしたりして様子を見ることも考えられる。
- 観察する場合は，単に外に表れた子どもの言葉や行動から外面的に判断

するのではなく，子どもの態度や表情の微妙な変化などからその背景にある内面的な心の動きを捉えることが大事になる。

（3）ワークシート・作文・ノート

　子どもの作文や日記などは，子どもが日ごろ感じ考えていることを直接に知ることができる。しかし，そこに書かれている内容から直ちに道徳的な評価を下すことはできない。作文等の行間に込められた子どもの思いを共感的に理解し，他の学習活動と関連づけることができる。

　また，道徳授業をはじめ各教科等の学習におけるノートなどへの記述は，学習のねらいや内容に関する子どもの心の動きなどを理解することができる。

・道徳授業での発問をワークシートやノート等に記述させ，学習の前後における子どもの感じ方や考え方の変化を理解することもできる。記述からは，子ども自身も学習での気付きや自己理解を深めることができる。
・これを相互に交換すれば，他者理解や相互理解を深めることもできる。
・教師がコメントを加えて返却することは，教師と子どもの心の触れ合いを深め，よりよく生きる意欲を喚起することにもなる。
・子どもたちの意見を口頭発表だけで済ませると，一部の子どもたちの建前的な発言が多く出て，その他大勢の独創的な意見や本音は確認できないまま埋もれてしまう。そこで，できるだけ道徳用のノートやワークシートを用意して，意見を自由に記入させ，記録に残すようにする。
・道徳的問題を多面的・多角的に考えるための手段としてノートを使う。ワークシートの場合は，例えば，Ａ４用紙１枚で授業中の子どもたちの思考過程を全般的に捉えられるように作る。授業の中でどのように考えを変容させたかを確認できるようにすることである。
・ワークシートの工夫として，小学校低学年で，まだ文章を書くのが難しいようであれば，絵やシンボルマークで表現してもよい。また，回答の欄を選択式にしておき，選ばせることもできる。ただし，子どもたちの個性豊かな意見を生かすために，必ず「その他」を設定し空欄にしておく。

ワークシート例

| 手品師 | 年 組 番 |

①ここでは何が問題になっていますか。

②自分だったらどうしますか。

その理由は

③友達の意見を聞いて，どう考えましたか。

◆授業を振り返って　　　　　　　大変← 普通←まったく

	大変		普通		まったく
①共感や感動することがあったか。	5	4	3	2	1
②深く考えることができたか。	5	4	3	2	1
③自分のこれからの考え方に影響はあったか。	5	4	3	2	1
④学習したことを大切にしていこうと思えたか。	5	4	3	2	1

今日の授業で習得したことを書きましょう。

授業の流れに沿って

問題の発見

自我関与

多面的・多角的
見方・考え方

自己評価

授業の振り返り
今後

（4）質問紙・テストなど

　質問紙による方法は，教師があらかじめ作成した質問や子どもが直面すると考えられる問題場面で，子どもの心情や判断やその理由などを回答してもらうことによって必要な情報を収集するものである。

　・道徳性に関わる子どもの自己評価を知る上で有効である。
　・子ども自身が自己理解を深めることにも役立つ。
　・指導の前後に行えば，子どもの自己評価の変化などを知ることもでき，指導方法を評価し改善するための有益な資料ともなる。

　道徳性意識アンケート，学級満足度テスト（Q-U），エゴグラムなどは，子どもたちの日常生活の経験に根ざした価値観や心理状況を客観的に把握するとともに，道徳授業の効果を心理学的に評価して事後指導や追跡調査をするためにも有効である。この調査を道徳性発達段階に照合すると発達支援や授業評価にも役立つ。ただし，質問紙による方法ばかりに気を取られて，教師と子どもとの人間関係を疎かにしないように注意する。特に，各種のテストを用いる場合は，その目的や注意事項をよく理解して使用する必要がある。

（5）面接など

　面接形式で子どもと直接話し合うことも，子どもの感じ方，考え方などを理解しようとする方法として有効である。面接は，場を明確に設定する場合と普段の生活で随時に行う場合がある。

　大切なことは，カウンセリング・マインドをもち，子どもの人格を尊重し

て，誠実に対応することである。教師が聞きたい内容を尋ねるというよりは，子ども自身が自己の内面を率直に語れるようにする。そのためには，普段から子どもと心の交流をして，親密な信頼関係を築いておくことが大切である。面接時には，共感的に理解し，子どもの感じ方や考え方を受容するようにする。

また，問題場面を提示して，一緒に解決を考えながら話し合うこともできる。個別の面接形式であると，子どもたちの考えを随時確認できるため，考えの変容を理解して，適切に助言や示唆を与えることができる。

（6）多様な評価方法

道徳科における学習状況や道徳性に係る成長の様子を把握するためには，上述した評価方法以外にも多様な評価方法がある。特に，学習活動を通じて道徳的問題について多面的・多角的な見方を発展させていることや，道徳的価値の理解を深めていることを見取る評価方法を開発することが求められる。

① パフォーマンス評価

道徳科におけるパフォーマンス評価とは，子どもが道徳的問題について多面的・多角的に考え，議論している学習過程を見取る評価である。これは教科の3観点でいえば，「思考力・判断力・表現力」を評価することができる。子どもの思考力や判断力は見えにくいが，教材で具体的な例として提示する道徳的問題を「パフォーマンス課題」として取り組ませ，子どもの判断をルーブリックという評価基準を使って評価するのである。つまり，多面的・多角的に考え議論する学習過程において，子どもが発表する様子やワークシート等に書いた内容からパフォーマンス評価をするのである。

また，道徳科に体験的な学習を導入した場合では，子どもが道徳的問題を解決するために役割演技やスキル学習をしながら，道徳的価値について理解を深めたり，技能を適切に習得したりした点を評価することができる。

さらに，ねらいとする道徳的価値について，どれほど理解を深めたかについて評価することも考えられる。これは教科等でいう評価の3観点でいえば，「知識・理解」に対応する。ただし，子どもが道徳的価値をどれほど理解したかをそのまま評価することは，単なる知識理解のテストのようになっ

て適当でないため，参考程度に受け止める必要がある。

② ポートフォリオ評価

　道徳科におけるポートフォリオ評価とは，子どもの学習の過程や成果などの記録を計画的にファイルに蓄積したポートフォリオに基づいて行う評価である。学期や年間を通じて，子どもがどのように道徳的問題や事柄について理解を深め，学習を充実させていったかを評価することができる。

　例えば，当初は道徳用のワークシートやノートや質問紙に，自分の感想をそのまま書いただけであった子どもが，回を追うごとに，主人公の立場で問題を深く考えたり，自分なりに解決を目指して考えを深めていった内容を書いたりしたところを評価する。また，道徳科で既に習得した内容と関連づけて考えを発展させている場面に着目することもできる。さらに一単位時間の授業だけでなく，子どもが長い期間を経て，多面的・多角的な見方へと発展していたり，道徳的価値の理解が深まったりしていることを見取って評価することもできる。

　このように子どもが道徳学習した過程やワークシートやノートの記録を積み重ね，学期ごとや学年ごとに全体を振り返る時間（カンファレンス）を設定することでポートフォリオ評価をすることができる。子どもはポートフォリオを通して，子どもが自らの道徳的成長を実感するとともに，これからの課題や目標を見つけ出すこともできる。（→ P41 参照）

　学期の初めの道徳授業で，子どもたちの人生目標に即したポートフォリオ（自己紹介や特徴を記した業績集）を作成することもできる。子どもたちは「どういう自分になりたいか」「自分がより成長するためには，どのような資質・能力や道徳的価値が必要か」「何が足りないか」を考える。こうした人生の目的意識をもつことで道徳授業により意欲的に取り組むことができる。

　また，このポートフォリオには道徳に関連するテーマ（例えば，「私の長所と短所」「今，がんばっていること」「自分の尊敬する人」など）で作文を書かせて，収録しておいてもよい。

③ エピソード評価

　エピソード評価とは，子どもが道徳性を発達させていく過程において，子ども自身の具体的なエピソードを累積したものを活用した評価である。それゆえ，前節で述べた「観察・会話」とも関連している。

　日ごろから子どもたちの様子を観察し，道徳授業と関連して，子ども一人一人の姿や変化を具体的に記述できるように努力する。学級全体の動きよりも，子ども一人一人のよさを積極的に見いだして肯定的な評価となるように配慮する。

　なお，こうしたエピソード評価に当たっては，子どもの道徳的行為にかかわる記録物や実行した内容それ自体を評価するのではなく，道徳学習によって子どもがいかに成長したか，どのようなよさが現れたかを見取るためのものである必要がある。

④ 自己評価

　子どもが自らの道徳性について自己評価することも有意義である。自己評価は子どもが自ら行う学習活動であり，教師が行う評価活動ではない。しかし，子どもが自身のよい点や可能性について気付くことを通じ，主体的に学ぶ意欲を高めることなど，学習の在り方を改善していくことに役立つ。こうした気付きがその後の学習意欲を高め，道徳の考えを深めていくきっかけにもなる。

　また，授業後に子どもが自らの学習過程を振り返って自己評価することもできる。例えば，登場人物の立場で多面的・多角的に考えることができた点，自己を見つめ自己の生き方について考えを深めた点，将来の課題や目標を見いだした点などをアンケート形式で尋ねることができる。

　子どもが道徳学習に意欲的に取り組んだか，関心をもって考えることができたか，誠実な態度で学ぶことができたかをアンケートで振り返ることもできる。こうした自己評価は，子どもの授業に関する「意欲・関心・態度」として捉えて参考にすることができる。（→ P41 参照）

⑤ 相互評価

　相互評価は，子ども同士が互いの努力や貢献度を認め合う評価である。自己評価よりも客観的で公平な観点から評価できる。授業の後半に行うことも

できるし，学期や学年の最後に道徳学習の振り返りで行うこともできる。ただし，子ども同士の人間関係によって評価が影響されることもあるので留意したい。

⑥ **360度評価**

子どものよさをできるだけ多様な方法で評価するように努める。その場合，できるだけ複数の人の評価資料を得て評価できるようにする。例えば，学級担任の教師，クラブや部活の教師，学級の友達，先輩・後輩，親，地域の人々などが様々な角度から子ども本人のよさを肯定的に評価できるようにする。

【資料収集例】

次ページは，一宮市立浅井中学校の各授業から1学期→2学期→1年間という大くくりの評価資料収集の一例である。

資料①は，学習テーマごとの生徒用「振り返り」シートであり，学習前後の比較から気付き・深まったことを自己評価するものである。

資料②は，これをより大きなスパンで振り返ることができるように，6回の授業を順次，自己評価できるようにした生徒用「1枚ポートフォリオ」である。

資料③は，教師用「授業改善，児童生徒理解，個への指導・支援」のための見取りシートである。資料②③を併せて使うことにより，児童・生徒の学習状況及び成長の様子について評価し，また，教師自らが指導を振り返り，指導の改善に生かしていく，指導と評価の一体化に向けた取組としても参考になろう。

資料①個人用「学びの振り返りシート」(学習テーマごと)

【学習前 2月7日】
学習テーマについて、今考えていることを

夢はあるけど、何となく過ごしています。

【学習後 2月13日】
学習テーマについて、今考えていることを

普通に過ごしていたが、これからはボランティアをしてみたい。

◆学習テーマ
東日本大震災から、自分の生き方について考えよう

◆家の人からのメッセージ

○学習前・学習後に書いた文章を比べて、思ったことや感じたことを書いてみましょう。

今までは何となく過ごしていました。けれど、今日の話を聞いて、震災を体験している人と、していない人では、考え方が全然違うと気付きました。
これからは、震災を体験した人の気持ちを考えられるようになりたいです。また、ボランティアにも参加したいです。

◆先生からのメッセージ
被災者やボランティア参加者の話を聞くことで、ボランティア活動に積極的に参加したいという思いを持つようになりました。

年　組　番
名前

資料②個人用「1枚ポートフォリオ」
(あとの4回省略したが、6回の授業を1枚で振り返る)

5/10	【今日の教材名・行事名】講演会

○今日の授業・行事から学んだことを書きましょう。

私は今日の講演を聞いて、今の不自由がなく、ある程度は、思い通りになる生活を「当たり前」だと思わず、その一つ一つに感謝して「ありがとう」という気持ちを大切にしようと思いました。

①共感・感動しましたか　　④・3・2・1
②自分自身を振り返ることができましたか　　4・③・2・1
③新たな発見がありましたか　　④・3・2・1
④資料はよかったですか　　④・3・2・1

5/24	【今日の教材名・行事名】つばさは心につけて

○今日の授業・行事から学んだことを書きましょう。

私は、今日の授業で外見や体型などのコンプレックスをすべて忘れて、自分を認めたりすることも大切だと思いました。

①共感・感動しましたか　　4・3・②・1
②自分自身を振り返ることができましたか　　④・3・2・1
③新たな発見がありましたか　　4・③・2・1
④資料はよかったですか　　④・3・2・1

資料③教師用「授業改善・児童生徒理解・個別指導支援シート」

日付	授業	授業改善		児童生徒理解		個への指導・支援	
		出席番号	内容	出席番号	内容	出席番号	内容
6/2	1	全体	「友を信頼すること」に関する記述がほとんど見られない。発言を板書するときに、キーワードとなる言葉に注目できるようにする。				
				31	「友達を信じることは大切だとわかった」と記述しているが、疑問。そう思う理由について聞き出したい。		
				5	学習履歴が白紙。会話をする予定。次時は、抽出生徒として観察、発言を促す。		
						2	「心から信じることはできない。楽しければいい」と記述。友人関係の変化など観察し、声をかける。
						35	「これからは、心から信頼できる友達になりたい」と記述。言動を観察し、認める声かけをしたい。

【授業改善】
「今後の授業に生かす」視点で入力
〈出席番号〉
授業改善を図ろうとしたきっかけとなる学習履歴を記述した児童生徒の出席番号を入力
「全体」などでもよい

【児童生徒理解】
「深い児童生徒理解を図る」視点で入力
〈出席番号〉
理解を図りたいと思った学習履歴を記述した児童生徒の出席番号

【個への指導・支援】
『心配』『認めたい』など「個別に指導・支援する」視点で入力

シート記入の仕方
①『学習履歴』の記述を今後に生かしたいと思ったことについて、「授業改善」「児童生徒理解」「個への指導・支援」の3つの視点に分けて入力する。
②毎授業、3つの視点すべてに入力する必要はない。『学習履歴』には朱書きを入れるので、それ以外にも対応したいと考える事柄でかまわない。

武庫川女子大学大学院教授 **押谷由夫**

道徳教育を充実するためのアセスメントとは

　道徳教育の充実に当たって，道徳教育の取組や成果は見えにくいと言われるが，計画レベルにおいても結果においても「見える化」することが大切である。それらをアセスメントという視点から追究することは，学習指導と学習評価を活性化させPDCAサイクルを大きく回すことになり，道徳の指導と評価の一体化につながる。また，このアセスメントの側面は，道徳の授業において教師が子どもの学習状況や道徳性に係る成長の様子を見取る視点などとも大いに関係する。

　ここでは，次の5つの側面から道徳教育のアセスメントについて提案する。

> (1) 道徳教育の目標追究を支える3つの根本力のアセスメント
> (2) 道徳性を構成する3つ諸様相のアセスメント
> (3) 日常生活での行動に関するアセスメント
> (4) 学級の成長と道徳的風土に関するアセスメント
> (5) 道徳の授業の取組に対するアセスメント

(1) 道徳教育の目標追究を支える3つの根本力

　道徳教育の充実，道徳性を育成するために押さえなければならない最も根本的な力として，次の3つを指摘することができる。

> ❶自分を見つめる力
> ❷相手の立場に立って考える力
> ❸自分を肯定的に捉え，自分や社会の未来を拓いていこうとする力

❶自分を見つめる力

　道徳科の目標において「道徳的価値についての理解を基に」と書かれている。つまり，人間らしさの基本である道徳的価値に照らして，自己の生き方

を見つめるのである。
❷相手の立場に立って考える力
　「主体的判断の下に行動する」ことが，「他者と共によりよく生きる」ことにつながるためには，常に相手の立場に立って考える姿勢をもつことが不可欠である。道徳科の目標にある「物事を多面的・多角的に考える」には，自分の立場だけではなく，常に相手（人だけでなく様々な対象）の立場に立って考えることが求められる。
❸自分を肯定的に捉え，自分や社会の未来を拓いていこうとする力
　自分を見つめる力や相手の立場に立って考える力は，よりよい自分づくりやよりよい社会づくりへと向かわなければならない。

（2）道徳性を構成する3つの諸様相

❶道徳的判断力
❷道徳的心情
❸道徳的実践意欲と態度

　道徳性の諸様相には，様々なものが考えられるが，その中核には，知に関する道徳的な判断力と，情に関する道徳的心情と，意に関する道徳的実践意欲と態度を挙げることができる。道徳授業を充実させるためには，指導する内容（道徳的価値）に関わって，「道徳的な判断力，心情，実践意欲や態度」がどのような実態にあるか調べておく必要がある。それにより一人一人の指導課題と同時に，よさの成長を見取る視点が明確になっていく。また，この3つの様相は，相互に絡み合っている。

❶道徳的判断力
　様々な状況において，人間としてどう対応することが望まれるか。つまり，道徳的価値に照らしてどう対応することが望まれるかを判断する力である。
❷道徳的心情
　道徳的価値に照らして，望ましいと思われることに対してプラスの感情を抱き，もっと広がればいいという心の動き。逆に好ましくないと思われるこ

とにはマイナスの感情を抱くとともに，一緒に改善しようと思う心の動き。

❸道徳的実践意欲と態度

　道徳的判断力や道徳的心情によって，価値あるとされる行為を取ろうとする傾向性。よくない行動をやめる自制心や落ち込んだときのレジリエンスの育成にも心がけたい。

（3）日常生活での行動に関するアセスメント

　道徳教育は，自律的に道徳的実践のできる子どもたちを育てることである。道徳的実践とは，道徳的価値に基づく実践ということになる。したがって，指導要録の「行動の記録」は，主に道徳教育の行動面に現れた成果を評価することになっている。

　項目としては，小・中学校ともに「基本的な生活習慣」「健康・体力の向上」「自主・自律」「責任感」「創意工夫」「思いやり・協力」「生命尊重・自然愛護」「勤労・奉仕」「公正・公平」「公共心・公徳心」が挙げられている。

　では，道徳的価値に基づく実践を，どのように把握したらよいか。その際，道徳の指導内容の視点に着目する必要がある。道徳の指導内容は，「A自分自身」「B人との関わり」「C集団や社会との関わり」「D生命や自然，崇高なものとの関わり」の4つの視点によって示されている。

　つまり，道徳性の育成は，道徳的価値意識だけではなく，実際の生活や様々な学習場面において，それぞれの関わりを豊かにすることを求めている。

（4）学級の成長と道徳的風土に関するアセスメント

　道徳教育の場は，子どもたちの生活する場全体であり，意図的に道徳教育を行う最も基礎的な集団は，学級である。一人一人の道徳性をはぐくむことは，当然に学級集団全体が成長しているかどうかということであり，それは道徳的風土として表れる。

　これらをどのように把握すればよいか。大きくは互いの信頼感が形成されているかということと，共に成長しようとする自律心が育っているかということである。前者は，2つの指標でみることができることから，次の3つの側面から実態を把握し，課題を見いだし，その対応を考えていく必要がある。

❶互いが認められていると感じている。
❷支え合い助け合えている。
❸互いに切磋琢磨し，よりよい自己と学級を目指して高め合おうとしている。

（5）道徳の授業の取組に対するアセスメント

　P43の(1)から(4)が道徳科を要として学校教育全体で取り組む道徳教育の成果と密接に関わっているのに対し，(5)は道徳科の授業が，どのようになされているかの実態把握である。特に「考え，議論（対話）し自己の生き方を深める」道徳授業としてあげられている「自我関与を重視した授業」「問題解決的な授業」「体験活動を生かした授業」の工夫と，そのことによる以下の実態を把握する必要がある。

❶道徳的諸価値理解について理解しているか。
❷道徳的価値理解を基に，自己を見つめているか。
❸物事を多面的・多角的に考えているか。
❹自己の生き方についての考えを深めているか。

　以上5つのアセスメントの結果を見ながら，道徳の授業の取組に対するアセスメントが他の4つのアセスメントとうまく響き合っていくように，道徳の授業と日常生活や他の教育活動との連携を工夫するのである。

　・道徳の授業と関わらせて学級活動や朝の会・帰りの会と連携させる。
　・道徳ノートに授業後に取り組んだことや気付いたこと，考えたことを記入する。
　・総合的な学習の時間と連携したプロジェクト型の道徳学習をする，など。

　また，P48～49，54～56には，本アセスメント理論に基づいて開発した「道徳教育アセスメントBEING」を紹介したので参照されたい。

一般財団法人応用教育研究所副所長 宮島邦夫

道徳アセスメントシステムの活用と紹介

　一般財団法人応用教育研究所では，標記のシステムを開発中である。小学校用のアセスメントは既に公刊され，中学校用は引き続いて刊行が予定されており，以後は次第に内容を充実させて，システムとしての最終的な完成を目指すことにしている。そこで本稿では，そのアセスメントシステムについて，現時点での情報という前提で，著者独自の考えも加えながら紹介する。

(1) 道徳アセスメントシステムの紹介

　本システムは，以下の①～④の構成要素をもっている。

① 教研式道徳性アセスメント HUMAN

　監修：押谷由夫　著者：青木孝頼・真仁田昭ほか

　『小学校・中学校学習指導要領（平成29年告示）』第3章「特別の教科 道徳」に準拠して，道徳性全体や視点ごとの様相などをアセスメントすることを目的にしている。より具体的には，下の囲みは『HUMAN小学5・6年用』からの引用であるが，このような問題場面を多数用意し，登場人物の気持ちや考えを表現させるアセスメントとなっている。

【問題場面の例】

> ◎　大地（だいち）さんは，ドッジボール大会のしん判（ぱん）をしています。仲（なか）の良いゆうまさんのせ中にボールがかすったのを見て，アウトかなと思いました。
> 　ボールを投げた健さんは，「今のはアウトだ。」と言い，ゆうまさんは，「当たってないからセーフだ。」と言って，たがいにゆずりません。
>
> 　　　　　　　　　　　　　　　　　　　　　　　　　　（以下省略）

② 教研式道徳教育アセスメント BEING
著者：押谷由夫

　道徳教育を展開する上で必要となる諸側面について，それぞれの情報を得るためのアセスメントを行うことを目的にしており，『BEING 小学校用実施要領』によれば，以下のような全体構成で，様々な力や側面の実態を捉えようとするものである。

【全体構成】

❶道徳性を支える力の実態把握
❷気持ちと行動のバランスの実態把握
❸学校生活の自己チェック
❹学級風土
❺道徳の授業の実態
❻問題解決場面での考える姿勢

　道徳性を支える力は，相手の立場に立って考える力，自分を見つめる力，肯定的に捉え前向きに生きようとする力とし，学級風土は，認め合う（受容），助け合う（協力），磨き合う（自律）の側面から把握する。

③　指導援助システム

　これについては，まだ開発段階ではあるが，一案としては，HUMAN や BEING の実施後に，構成的グループエンカウンターやグループワークトレーニングの活動で推奨されるエクササイズの紹介をしたり，あるいは，最適なワークシートの提供等を行う。これは，結果を生かした道徳教育を実施するためであり，インターネットを介して，それらを引き出せるようにしたい。

④　参考図書

　これも企画の際の構想ではあるが，道徳教育とその評価，道徳アセスメントシステムを利用した指導事例の紹介や指導効果の実証的研究などの図書を刊行する予定である。

(2) HUMAN と BEING の結果資料

どちらのアセスメントも多くの資料が得られ，それらの極めて一部ではあるが，資料の見方・いかし方の冊子からの図を，それぞれ次に示す。

❶ BEING 児童・生徒用結果資料の一部

この図では，自分の得意な力は何か，前回より伸びた力は何かに気付かせて，自分なりの自信や意欲につなげられるようにしたい。

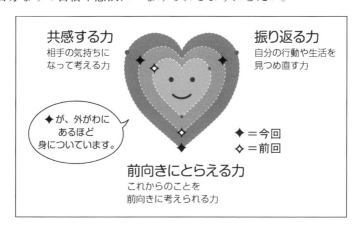

❷ ポートフォリオ個人票（教師用）の一部

同一年度内に，HUMAN 及び BEING を実施すれば，それぞれの結果を総合して出力され，視点別の特長がわかる。

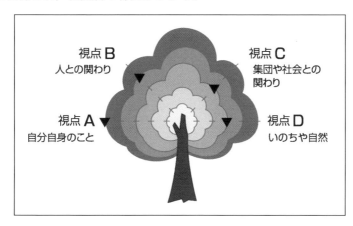

（3）道徳アセスメントシステムの活用

　昨今，教育の分野においても，PDCAサイクルという言葉が頻繁に使われるが，これを教育の流れでは，次のように考えることにしている。それは，過去や現在の情報から指導の計画を立て，計画に沿って指導を実行し，指導後には成果の検証を経て，必要なら指導者と学習者の両面で改善を行い，さらに，これらの過程を循環させるというものである。道徳アセスメントシステムは多様な利用の仕方があるが，以下には本システムの各構成要素が，PDCAサイクルの中で，どのように活用できるかという一例を挙げておく。

① **計画**

　学校における教育活動全体によって道徳教育を行うという観点から指導計画を立てる。その際，前年度から引き継いだ情報，また，新年度の学級にもなじんだ頃合いでのBEINGの実施結果，そして，道徳教育と評価の参考図書が有効である。

② **実行**

　指導援助システムから推奨される構成的グループエンカウンターやグループワークトレーニングの活動を実施するなど，実際の指導を行う。ここでは道徳科の授業と日常生活や他の教育活動と響き合うように支援したい。

③ **検証**

　年度末に向かう時期に，HUMANを実施し成果の確認をする。これは，学習指導要領準拠なので，特に，道徳科での指導を意識したものとなろう。くわえて，開発段階である指導効果の実証的研究の文献も活用できる。

④ **改善**

　HUMANでの長所や前年度に比べての伸びは成果として確認する。そして，BEINGでは指導計画と方法を見直して補充の指導をする。また，適切なワークシートを開発段階である指導援助システムから引き出して，学習者側の自己理解を促す。

⑤ **循環**

　検証と改善の段階での様々な記録や実践で得られた知見は，重要な申し送りの情報として，次年度の計画と実行に生かしていく。

道徳性アセスメント HUMAN

図書文化社・編集部

【目的】
- 学級・学校全体,並びに児童・生徒一人一人の道徳性の実態や傾向を客観的に把握する。
- 学習指導要領の内容項目を踏まえて,標準化されたアセスメントであり,結果は,児童・生徒の数量的な評定とはならないように配慮。

【構成】
① 学習指導要領における「4つの視点」から道徳の内容を分類整理し,道徳の「内容項目」として示す。
② 「内容項目」を参考に,実際の生活において多く見られる問題場面を提示し,道徳性を捉える出題形式とする。
③ 「道徳性総合」,「道徳的心情」と「道徳的判断力」,「4つの視点」,「内容項目」から道徳性の実態を把握する。

HUMAN の構成

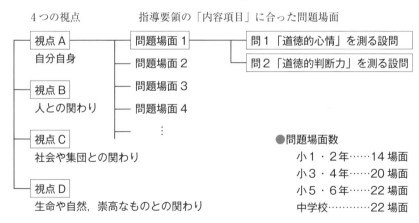

【HUMANの活用場面】

道徳教育は，道徳科だけではなく，道徳科を要にして，学校の教育全体を通じて行うものである。道徳教育を進めるに当たって，「道徳教育の全体計画」（重点目標）と，それに基づく「道徳科の年間指導計画」の2つを作成することになるが，HUMANは，児童・生徒の道徳性の実態を把握するとともに，全体計画や年間指導計画を作成する際，その学校・学級全体の実態と課題を把握するためのアセスメントである。

【結果のまとめ】

学年・学級を大くくりで捉えるならば，前記構成③の「道徳性総合」，「道徳的心情」と「道徳的判断力」，「4つの視点」の資料が参考になり，全国の回答割合と比べることができる。ここでは下記に「4つの視点」を例示する。

視点ごとの道徳的総合，心情・判断の回答割合（学級・学年）

視点A 主として自分自身に関すること

回答	回答の割合(%) 学級	全国	学級のグラフ【回答の割合】
総合 Ⅰ	57	54	
総合 Ⅱ	27	32	
総合 Ⅲ	9	9	
総合 Ⅳ	7	5	
心情 Ⅰ	53	51	
心情 Ⅱ	28	34	
心情 Ⅲ	10	10	
心情 Ⅳ	7	4	
判断 Ⅰ	61	58	
判断 Ⅱ	25	30	
判断 Ⅲ	9	8	
判断 Ⅳ	4	4	

視点Aの総合のようす
本視点を総合的にみると，全国の回答と同じ傾向がみられます。

視点B 主として人との関わりに関すること

回答	回答の割合(%) 学級	全国	学級のグラフ【回答の割合】
総合 Ⅰ	49	49	
総合 Ⅱ	35	37	
総合 Ⅲ	9	10	
総合 Ⅳ	6	4	
心情 Ⅰ	52	48	
心情 Ⅱ	31	38	
心情 Ⅲ	11	11	
心情 Ⅳ	7	3	
判断 Ⅰ	46	51	
判断 Ⅱ	40	37	
判断 Ⅲ	8	8	
判断 Ⅳ	6	4	

視点Bの総合のようす
本視点を総合的にみると，全国の回答と同じ傾向がみられます。

なお，視点C, Dについては，スペース上省略した。

表の中のⅠ・Ⅱ・Ⅲ・Ⅳについて

それぞれの問題場面に設定された問いに対する回答を，段階的に示したものです。

Ⅰ　一般的に望ましい道徳的心情あるいは判断と認められる選択肢
Ⅱ
Ⅲ
Ⅳ　一般的に望ましくない道徳的心情あるいは判断と認められる選択肢

これをさらに視点A～Dの内容項目別で分析的に示したものが，学級「内容項目別集計表」である。例示した部分だけでみれば，視点Bの「親切・思いやり」は，学級の重点候補にもなり得るが，内容項目は，関連的，発展的に捉え，年間指導計画の作成に当たっては，学級・学校の実態を反映して重点的な扱いをする必要がある。

内容項目別集計表（学級・学年）

視点	内容項目	回答	児童・生徒の行動や道徳的価値観の傾向	回答の割合(%) 学級	回答の割合(%) 全国	学級のグラフ【回答の割合】（★は全国の回答の割合を表しています）	全国との比較
視点A	善悪自律自由責任	I	自由を大切にし，自律的に判断して責任ある行動をすることができる。	63	61		
		II	自由を大切にし，自律的に判断して責任ある行動をすることが多い。	22	30		
		III	自由の大切さは知っているが，自律的に判断して責任ある行動ができないことが多い。	10	6		
		IV	自由を大切にすることに偏り，自律的に判断して責任ある行動をすることができない。	6	3		
	正直，誠実	I	誠実に，明るい心で楽しく生活することができる。	53	52		
		II	明るさに欠けるが，誠実に行動することが多い。	31	34		
		III	誠実さに欠けることがある。	11	8		
		IV	誠実さに欠ける行動をとりやすい。	6	6		
	節度，節制	◎ I	安全に気をつけ，節度ある行動をする。	76	67		∧
		II	安全に気をつけ，節度ある行動を心掛けることが多い。	14	22		
		III	安全に気をつけようとせず，節度ある行動をとることが少ない。	6	7		∨
視点B	親切，思いやり	I	誰に対しても思いやりをもって，相手の立場で親切にする。	28	41		
		II	相手の立場を十分には考えられないが，親切にすることが多い。	54	41		
		III	相手の立場をあまり考えず，親切にすることが少ない。	8	14		
		IV	思いやりをもって相手の立場を考えることができず，不親切にしやすい。	10	4		
	感謝	I	日々の生活が人々の支え合いや助け合いで成り立っていることに感謝し，進んでそれに応えようとする。	51	43		
		II	日々の生活が人々の支え合いや助け合いで成り立っていることに感謝するが，応えようとすることが少ない。	31	46		
		III	日々の生活が人々の支え合いや助け合いで成り立っていることに感謝することが少ない。	13	8		
		IV	日々の生活が人々の支え合いや助け合いで成り立っていることに感謝することがほとんどない。	6	3		
	礼儀	I	時と場をわきまえて，礼儀正しく真心をもって接することができる。	50	53		
		II	礼儀正しく真心をもって接することが多い。	36	34		
		III	謙虚さにやや欠け，自分と異なる意見や立場を大切にしないことが多い。	7	9		
		IV	礼儀正しくすることができない。	7	4		

（左注記）特に望ましい傾向の項目に◎印

（右注記）統計的に全国と比較

☐ 道徳教育アセスメント BEING　　　図書文化社・編集部

【目的】
- 道徳科や学校全体の取組としての道徳教育で培われる道徳性を，様々な関わりや側面から捉えるための標準化されたアセスメント。
- 人間として自分らしい生き方を深く考える力，すなわち道徳的実践へとつながる力をどのように持ち，どのような傾向にあるか等の実態把握。

【BEINGの活用場面】
　道徳教育の充実には，実態把握を基にしたアセスメントが重要である。
　BEINGでは，日常生活で表出されている児童・生徒の行動や，道徳教育を行う最も基礎的な集団である学級の様子を把握することができる。
　そのうえで，授業展開の指針として，あるいは各個人の「共感する力」（相手の気持ちになって考える力），「振り返る力」（自分の行動や生活を見つめ直す力），「前向きに捉える力」（これからのことを前向きに考えられる力）の育成や，問題場面における気持ちと行動のバランス，問題解決場面における多面的・多角的思考など，通信簿や指導要録を記入する客観的な参考資料を提供する。

【結果のまとめ】
　学級・学年の様子を全国の傾向から捉えたり，前回の結果から成長の様子を捉えたりすることができるが，ここでは，児童・生徒用の「個人票」を例示して活用を考えていく。
　道徳教育の充実に向けて，P48の6つの側面のうち，個人票では，
　❶道徳性を支える3つの力，つまり，「共感する力」「振り返る力」「前向きに捉える力」を見ていくことになる。また，前回のアセスメントを受けていれば，その進歩・変容を自覚できるようになる。
　❸学校生活の自己チェックでは，日常生活における行動から道徳性に関わる側面を自己チェックにより，把握できる。
　❺道徳の授業の実態は，児童・生徒が道徳の授業の取り組み方を振り返ることによって，教師は児童・生徒の取り組み方を把握し，児童・生徒は自己

評価を自覚することになる。

❻問題解決場面での考える**姿勢**として，対立する２つの道徳的価値項目が含まれている問題解決場面の回答を表示する。そのことによって，どのように多面的・多角的思考を働かせているか把握できる。【小１・２年生は除く】

さらに，自分とは異なる立場で回答した人の意見を考えさせる活動により，自分の考えを深めさせたり，異なる立場の人の気持ちになって考えさせたりすることができる。

ここにはスペースの都合で省略したが，❷問題場面における気持ちと行動のバランスでは，「道徳的実践と態度」の考えに基づき，気持ち（意欲）はあるが，行動（態度）が伴わない，あるいは行動は求めるが気持ちが伴っていない等のバランスについても把握できる。

また，❹学級風土について，児童・生徒が自分たちの学級の様子について，受容，協力，自律という道徳的側面からどのように捉えているか回答させている。個々人の道徳的成長とともに学級の成長もまた同時に関わるという考えに基づき，学級の実態や成長を，受容，協力，自律といった面から教師自身が把握できるようになっている。

以上の❶～❺は前回の結果と比較することができるようになっている。

なお，HUMAN と BEING を同一学年度内に実施すると，「ポートフォリオ個人票（教師用）」として，道徳性の諸様相，道徳性の４つの視点が，それぞれのアセスメント結果を合わせて集計される。また，日常の様子のエピソードを，教師の観察メモとして記録できるようになっている。

これらと教師から見て捉えた児童・生徒の学習の過程や成果の記録などをポートフォリオとして累積することによって，児童・生徒一人一人の道徳性についての情報を収集した資料とすることができよう。それらは，児童・生徒一人一人のよさを生かし伸ばす指導へとつなげることができる。

BEING 個人票

児童・生徒用
■ 私らしく よりよくすごそう ■

東京都　〇〇 小学校　　5年 3組 22番　□□ △△ さん

豊かな心を支える3つの力　あなたらしさをみつめよう
❶道徳性育成の基盤となる3つの力をみる

共感する力
相手の気持ちに
なって考える力

振り返る力
自分の行動や生活を
見つめ直す力

◆ = 今回
◇ = 前回

◆が、外がわに
あるほど
身についています。

前向きにとらえる力
これからのことを
前向きに考えられる力

前回からの
変容をみる

前回にくらべて、友だちや相手の立場になって考える力、いろいろなことを前向きにとらえる力がのびているようですね。まわりの人の気持ちがわかると、いろいろなものの見方を知ることができますね。これからもいろいろな考え方を知っていけるといいですね。

ふだんのあなたのよいところ

学校生活で　　❸学校生活の自己チェック
・係や当番の仕事をきちんとしています。
・持ち物を整理できています。

道徳の授業で　　❺道徳授業に関する自己評価
・友だちの意見をよく聞いて考えています。
・登場人物の気持ちをよく考えています。

●考えてみよう！

よりよく学校生活をすごすために
取り組みたい目標を書いてみよう。

さらに考えてみよう　あなたの考えと別の立場の意見についても考えてみよう。

【もう一度場面を思い出そう】
あさひさんは、水泳が得意で、もうすぐ大きな水泳大会があります。水泳教室に通うほか、毎週金曜日には自主練習をしています。さらに、走るのも得意なので、来週行われる運動会では、リレーの選手にも選ばれています。ある日、「今日の放課後、バトンを渡す練習をしようよ。」とリレーメンバーから言われました。しかし、その日は、しばらく水泳の自主練習ができないので、練習をしようと決めていた日でした。その日にやらないとしばらく練習ができません。
けれど他のリレーメンバーは、「今日リレーの練習をしよう！」と言っています。あなたならどうしますか。

あなたは、リレーの練習を断って、自分で決めていたとおり水泳の練習をする
と考えました。

その理由　　❻問題解決場面における
　　　　　　　多面的・多角的思考をみる

先週に自分でやると決めていた
事だから、リレーの練習は断り、
水泳の練習に行った方が
いいと思います。

●考えてみよう！

あなたのクラスには、「リレーの練習に参加する」という意見のお友達がいます。そのお友達は、どんな理由で「リレーの練習に参加する」と答えたと思いますか。考えてみましょう。

ワークにより，自分とは異なる立場で
回答した人の意見を考えさせる

小学校

中学校

道徳の評価

通信簿の
文例
編

1 通信簿の所見文記入のポイント

1 学習の状況や道徳性の成長の様子を書いていますか

道徳科で養う道徳性は，容易に判断できるものではないが，学習活動を通じた学習状況や，道徳授業における変容や成長の様子を把握して書いているか。

2 他の子どもと比べていませんか

本人としての長所，成長を認めて励ます個人内評価（評定）を行う。「クラスの中では～」などの他と比べる記入はしない。

3 よい点，伸びた点を書いて，励ます評価をしていますか

個人内評価（評定）で，本人のよい点，伸びた点を認めて最初に書いてあると，保護者も，本人もうれしくなってやる気になる。道徳性の発達が遅い子でも，本人としてよい点，伸びた点が必ずあるはずである。

4 ある授業のエピソードや学期・学年での特長・進歩を，子ども・保護者に伝えていますか

指導要録では，一定のまとまりの期間での特長や進歩を記述することになるが，通信簿では，ある時間の授業の特徴的なエピソードを書いて子どもを励まして自己評価を促したり，保護者に伝えたりすることは有効である。

5 「自己を見つめる」「多面的・多角的に考える」視点で書いていますか

道徳科の授業で，子どもが道徳的価値の理解を自分自身との関わりの中で考えているか。また，友人と議論する中で，一面的な見方から多面的・多角的な見方・考え方をするようになったかの点を見取って書いているか。

6 道徳授業から「自分の生き方への考えを深める」視点で書いていますか

道徳授業で学んだことを日常生活に生かそうとしているか，自分の将来にまで及んで考えを深めているかの視点も大切なことである。

❼ 子どもや保護者に協力の仕方がわかるように具体的に書いていますか

　短所は指摘するのではなく，「どこをどうすれば，さらによくなる」と指導の仕方を具体的に書いて協力を求める。言うまでもなく，道徳性の評価の基盤には，教師と子どもとの人格的な触れ合いによる共感的な理解が重要である。

❽ 子どもごとに書き分けていますか

　子どもは，通信簿を受け取ったときによく見せ合う。同じことが多いと，納得できず不信感をもつことになる。文例を集めたり，事前に文を作成して検討したりして書き分ける努力が必要である。そして，次の学期に同じことを書かないために，使った文は，記録して保存しておく。

❾ 独善的，断定的，不公平を避けていますか

　自分の感情で書いたり，決め付けたり，えこひいきしたりでは，信頼を失う。

❿ 必要かつ十分な資料を収集しましたか

　必要かつ十分な資料とは，保護者や子どもから記入内容について質問されたとき，示して納得させられるだけの資料である。道徳科の指導中だけでなく，学校教育全体においての発言・会話・行動等の観察メモ，作文・感想文・ノート等の作品・質問紙・標準検査への回答等を資料として，丁寧に収集し，個別にファイルする。

　教師にとっては，当期に1回だが，子どもを丁寧にみて，理解を深める機会である。

2 通信簿の「視点別」評価文例の構成

◆道徳科の通信簿は，いつ記入するのか？　一定のまとまりの評価とは？

①学期ごとに道徳の評価を作成。
②1学期では短いので，2学期から。
③道徳性の成長はすぐに現れるものではないので，長いスパンで学年末に。

　通信簿は学校として作成するものであり，評価の基本は示されているが，記入時期などは各学校の判断に任されている。
　①〜③いずれでもよいが，①は学習状況や授業エピソードなど，励ます評価や伝える意味合いが強い。③にいくに従って，道徳性の成長の様子に関わる記述となる。なお，記述式のため教師の負担を少なくする意味もある。

◆指導要録との違いは？

　指導要録は法定簿として，通信簿とは性質は異なるが，各教育委員会の定めるところにより，1年間の学習状況と道徳性の成長の様子を記録して，次学年への引き継ぎの目的がある。通信簿で③の立場をとるのは，長い期間をかけて成長する道徳性の特性を考慮するものである。

◆大くくりなまとめとは，どういうことか？

　次ページに，道徳科の大くくりなまとまりと，通信簿と指導要録の記入内容を図示した。
　本書では，66ページ以降にそのいくつかを「視点別」として取り上げてあるので参照してもらいたい。

大くくりなまとまりと記入の視点

A 道徳科の授業（内容）	B 学習活動	C 道徳性に関わる資質・能力
❶4つの視点 　自分自身，人との関わり，集団や社会，生命や自然など ❷内容項目 ・自由と責任 ・正直，誠実 ・親切，思いやり ・規則の尊重 ・生命の尊重 　　… ・よりよく生きる喜び ❸テーマ別 　（各学校で設定）	❶道徳的価値の理解 ❷自己を見つめる ❸多面的・多角的な見方・考え方 ❹自己の生き方 ❺主体的学び ❻対話的学び ❼深い学び	❶知識・理解 ❷思考力・判断力・表現力 ❸学びに向かう力，人間性 ❹道徳的判断力 ❺道徳的心情 ❻道徳的実践意欲と態度

通信簿（A＋B）　指導要録（B＋C）

小学校／中学校　通信簿

◆ **本来は「道徳性に関する資質・能力」がどれだけ育成されたかをみるもの。**

　他教科のように1時間の授業で定着したかどうかをみるのは難しい。長いスパンをかけて，学習活動を通して，道徳性という資質・能力をみようとするもの。

◆ **本書では，A 道徳授業の流れに応じた❶❷，B 学習活動としての❶〜❹，C 資質・能力としてのいくつかを視点として示す。**

　なお，Aの❷内容項目は，それ自体を評価するものではないが，授業のねらいとの関係で手掛かりとなるものであり，エピソード文例として示す。

　その他，114ページ以降に道徳科の一授業ではあるが，通信簿用「定番教材」の文例を示す。

3 発達段階ごとの児童・生徒理解の特徴

◆学習状況や道徳性に係る成長の様子を評価するためには、発達段階ごとに大まかな特徴を理解しておくとよい。

その上で発達は、一律的ではなく一人一人異なるが、どのように成長・変容したかを見取るにはたいへん参考になるので、下記に掲げておく。

発達段階	特徴
小学校低学年	・自己の視点や他者の視点を区別できるが、他者の視点に立てない。(主観的役割取得) 　→自分を振り返らせる。他者評価で気付かせる。 ・善悪の判断を「行為の結果」によって判断する。(客観的責任概念) ・規則は、拘束的なもので他律的なもの。 ・自己中心的で、何事にも興味・関心を示し、新しいことを学ぶことに極めて前向き。 　→勉強、片付けなどを含め、できた喜びに注目する。 ・意欲的な反面、集団行動に慣れていないため、引っ込み思案だったりする。 　→ペア学習。好奇心や自主性を重視する。 ・負けを認めなかったりズルをする。どんな失敗も嫌がる。 　→励ますことで成長する。 ・からかい、親分肌、不平、告げ口などは、権威との関係を試すための極端な行動である。 　→ある程度理解される必要はあるが、過度は許容すべきではない。 ・新しい考え方や感じ方が確立される。 　→自己評価することで自分の力の高さを知り、一層の自己指導力を磨く準備をする。

小学校中学年	・自他の視点を区別でき，他者の視点に立って自己の思考や感情を考えることができる。(自己内省的役割取得) 　→ 友達の考えを聞いて，自分の考えを深める。 ・善悪の判断を「行為の動機」によって判断する。(主観的責任概念) ・規則は，協同的なもので自律的なものへと変化。 ・協調して作業するのを好み，集団活動は非常に有益。 　→ グループ学習。責任をもたせる。 ・強固な仲間関係を築く。仲間からの評価は教師からの評価に匹敵するほどの重み。 　→ 他者評価を取り入れる。 ・公平とは何か。自我を超えた道徳的責任感が芽生える。 　→ 公正，公平，正義について議論する。 ・あきらめやすいので，再チャレンジの機会は重要。 　→ 励まし，できそうだという気持ちをもたせる。 ・より広い世界へ視野を広げ自分の力を新領域で試す。 　→ 近隣，地域社会をテーマにする。社会的関心事へ。
小学校高学年	・思春期の嵐に立ち向かうための力を蓄える。 ・議論を好む。自分の視点を抜け出して，いろいろな角度から世界を見ることができる。 　→ 多面的・多角的に考える。 ・協力的な性質は，グループ活動，学級全体の結束力，協同的学習を助ける。 ・積極的に他人の意見や新しい物事などを受け入れる。 ・善悪の感覚が成熟し，社会的問題の解決が上手になる。 ・徒党を組む。仲間に入れたり仲間はずれにする。 　→ 自身で物事を解決させることと，いじめは大人（教師）が直接的に介入する必要がある。 ・友情，公正さの問題は，たえず繰り返される。 　→ チーム，グループ，ゲームなど社会的相互作用の練習の場にする。 ・歴史，自伝，最近の出来事を考える。 　→ 自分だったらと考えて大人の役割を想像させる。

発達段階	特徴
中学校	・自他両者の視点を同時的・相互的に関連づけることができ，お互いに相手の思考や感情などを考察し合って交渉していることに気付く。(相互的役割取得) 　→賛否両方の立場を理解したうえ，さらに考えを深める。 ・世の中の問題と問題解決に対して，多くの側面から考えることを楽しみ始めたり，解決策を探ったりする。 　→背景にある道徳的諸価値の多様性に着目させる。 ・協力的な集団の中でよく学ぶ。 　→小規模集団での討論，またはグループ学習。 ・リーダーシップの素養にあふれている。 　→生徒会，委員会活動，ボランティア活動など，多くの機会を与える。 ・自分から行動を起こそうとする。 ・公正であることと，規則をつくる過程がより重要。 ・教師より仲間の重要性が増す。 ・「なぜ，これを学ばなければならないか」を知りたがる。 　→人間としての生き方について考えを深める。 ・大人社会の責任あるメンバーに変容する。 　→成長しつつあると認められていることを，理解したり実感したりできるようにする。 ・最近の出来事，政治，社会正義に高い関心を示す。 　→歴史，自伝，政府，地域社会へのボランティア活動などがテーマとなる。

櫻井茂男編著『たのしく学べる最新教育心理学』(図書文化)
チップ・ウッド著『成長のものさし』(図書文化)を参考に作成

4 通信簿の「視点別」記入文例 小学校

①内容項目

項　目	記入文例
Ⓐ自分自身 （全般）	**POINT** 低学年では他者の視点に十分に立てないが，中学年から他者の視点に立って自己の思考や感情を考えることができるようになる。自分の体験や振り返り，友達からの他者評価，それらによる自分に対する新たな気付きを肯定的に認めて記述するとよい。 ・自分自身に関する道徳的価値について，自分を見つめたり友達の意見を聞いて，これからの自分を考えることができました。 ・学習の中では，積極的に友達のよいところや感じ方を認め，比べて考えることで自分のよさについて考えを深めました。 ・自分の行動や生活を振り返ることで，これからの自分をよりよくしていこうという意欲が見られます。 ・いいとこ探しでは，友達から自分の気付かないよさや特徴を発見し，自信をもつことができたこととして発表することができました。 ・学習による振り返りや友達との意見交流により，自分の思いを次々と発表する自分の姿から，新しい自分を発見することができました。
善悪の判断，自律，自由と責任	**POINT** 善悪の判断，自由には自分で自律的に判断し行動する自律性が伴うことを念頭に置く。登場人物に自我関与したり，体験の振り返り，話合いで気付いたこと・自覚したことを記述するとよい。 ・学習を通して，自分なりによいことと悪いことの判断をして，意見を発表したり，行動するようになりました。

項　目	記入文例
	・よいと思うことを進んで行うことの大切さについて，教材の登場人物に自我関与させて，自分との関わりで考えることができました。よいことをすると清々しい気持ちになることを，様々な体験をもとに，授業で発表しました。 ・「うばわれた自由」の授業を通して本当の自由には義務と責任が伴うことの理解を深めることができました。今後の生活において，自分自身の行動について深く考え，責任ある行動を取っていこうとしています。 ・自由と責任について，新聞記事の意見を教材にして話し合うことで，自分を振り返りながら，自分なりの意見を発表することができました。
正直，誠実	**POINT** 過ちや失敗は誰にでも起こる。そのときの体験を振り返り，どう感じて何をしたのか話し合う中で，道徳的価値を自覚して深める過程を記述するとよい。 ------------------------------------ ・うそを言ったり，ごまかしたりすると暗い気持ちになることについて，登場人物を通して考えることができました。正直にできたときの気持ちのよさを自分との関わりでしっかりと考えることができました。 ・うそをついた自分の体験を振り返ることで，どうすればよかったか，どうありたいか考えを深めました。 ・素直になれないときの気持ちについて考えるとともに，友達との話合いを通して，正直に素直な気持ちで生活することのよさについても考えを広げることができました。 ・うそをついたときの気持ちと，得たもの・失ったものをみんなで発表し合うことで，なぜうそをつくのか，それによって失うものは何か，あらためて自覚するようになりました。 ・過ちを素直に認められない自分を見つめ直し，友達の意見をもとに謝ることの大切さに気付きました。

項　目	記入文例
節度，節制	**POINT**　「基本的生活習慣」と「安全」の要素を含む。進んで自分の生活を見直し，自分の置かれた状況を考え，自分のこれからの生活を見直していこうとしているかを記述するとよい。 ・整理整頓することのよさについて，道徳の授業を通して考えることができました。実際にロッカーや机の整頓を行う中で，毎日気持ちよく生活できることを実感することができました。 ・防災関連の学習では，自分が身を守ることを考えるだけでなく，主体的に動き，高学年として周囲の子の安全にまで気を遣うようになりました。 ・インターネットのやりすぎを自覚しながら，学習に手の付かない状況を克服するために，自分からルールをつくって守ろうとしています。
個性の伸長	**POINT**　低学年では自分自身を客観視することが不十分で，他者評価で自分の特徴に気付く。中学年では他者との交流の中で自他を認め，高学年では自分の特徴を多面的・多角的に捉えていく姿を記述するとよい。 ・いいとこ探しでは，友達のいいところをいっぱい探すことができました。また，友達からもたくさん自分のよいところを指摘してもらい，自分の特徴を実感できていました。 ・登場人物の個性のよさを見つけたときに，自分がほめられてうれしかったことを想起して考えることができました。よいところは，自分自身にもあることについても考えを深めようとしています。 ・道徳ノートを振り返りながら，自分の短所長所を見つめ直すとともに，これから自分の個性を磨いて，なりたい自分になろうと考えていました。

項　目	記入文例
希望と勇気，努力と強い意志	**POINT** 低学年では好奇心，中学年では様々なことに興味・関心を広げ，高学年では高い理想を追いかける。授業を通して自分のことについて考えたこと，目標に向かって努力しようとする意欲を具体的に記述する。 • 「ぽんたとかんた」の学習では，友達の誘いを迷いながらも断ったぽんたになりきって役割演技を行いました。正しいことを行うためにも勇気や強い意志が必要だと感じるきっかけとなりました。 • 自分のやるべき仕事をするときの考え方や感じ方について，登場人物を通して考えることができました。わかっていてもつい，できないときの気持ちや，しっかりとやり遂げたときの充実感についても考えを深めることができました。 • 「また，勝てばいい」では，主人公である羽生善治さんの言葉や生き方から自分の夢についての考えを深めることができました。総合的な学習の時間では，さらに自分の夢に向かって努力していこうとする気持ちを発表していました。
真理の探究	**POINT** 9歳ごろから一生懸命に物事を見て科学的に探求する認知的成長が見られる。高学年のみの項目であるが，真理を求める態度を大切にし，偉人の伝記などを基に，将来の夢や自らの生き方を記述するとよい。 • 登場人物がひたむきに真理を追究する姿に感銘し，自分のこれまでの姿勢を振り返り，足りない点やどうすれば自分の夢を実現できるかを真剣に考えていました。 • ノーベル賞を受賞した〇〇氏の研究は，知的好奇心に端を発し，それを追究する姿に共感を覚えていました。自分も新しい発見をし，科学に貢献したいと意欲を高めました。

項　目	記入文例
B 人との関わり（全般）	**POINT** 人は自分中心の世界から次第に新しい世界を広げていく。ここでは「私」と「相手」の望ましい人間関係を築く点から相手の気持ちを考え，それにより道徳的諸価値に気付くことができたかなどを記述するとよい。

- 道徳の学習で相手の考え方や気持ちを考えることを繰り返すことから，その大切さに気付くことができました。
- 話合いを通して，自分の考えと友達の考えが似ていたり違っていたりすることを知ることができました。相手の気持ちを考えることで，今よりも友達とよりよい関係を築くことができるようになるという意識を深めていました。
- 相手との関わりを考えるとき，はじめは相手の気持ちだけを考えていたが，自分の考えを明らかにして自己開示することによって，新しい関係が生まれ，お互いの関係も深まるという意識が高まりました。 |
| 親切，思いやり | **POINT** 身近な人，相手，誰にでもと世界が広がるが，相手の考えや気持ちに気付くか（低学年），また深く理解するか（中学年），相手の置かれている状況を自分自身に置き換えて想像できるか（高学年）を捉える。

- 親切にされた経験や年下に優しく接した経験をグループで話し合い，意見交流を行ったことで，その素晴らしさやよさについて深く考えることができました。
- 親切にすることのよさについて，登場人物を通して自分との関わりで考えることができました。誰に対しても温かい気持ちで接することで，自分自身もうれしくなると考え，生活の中でも親切にする様子が多く見られました。
- いじめ問題では，相手を思いやる気持ちをもてばその素地はなくなるし，傍観者になることもないと発表し，思いやりのある学級にしようとしています。 |

項　目	記入文例
感謝	**POINT** 家族・学校（低学年），地域の人・高齢者（中学年），支え合いや助け合い（高学年）へと広げて，人が自分のためにしてくれている事柄に気付いたか，それはどのような思いであったか記述するとよい。 ・家族や学校のいろいろな人から自分が支えられていることに気付きました。そして，自分から感謝の気持ちを伝える言葉をワークシートに書くことができました。 ・「ありがとう」という言葉から，日ごろお世話になっている人々のことをじっくりと思い出すことができました。お世話をしてくれている人々が，どんな気持ちでしているか，学習を通して深く考えようとしています。 ・「地震で学んだこと」では，学校の中だけではなく地域の人々に感謝の気持ちをもつことを自分事として捉え，最高学年として安全パトロールさんに「いつもありがとうございます」と，自分からあいさつをしています。
礼儀	**POINT** 低学年ではあいさつや言葉遣い，所作など具体的な状況の下での体験，中学年では相手の立場や気持ちに応じた対応，高学年では礼儀作法に込められた気持ちなどを考えさせてその気付きを記述するとよい。 ・いろいろなあいさつをし，互いの気持ちについて考える学習では，気持ちのよいあいさつをするために必要なことに気付くことができました。 ・あいさつをするときの言葉づかいから，礼儀正しくすることのよさについて考えることができました。 ・親しくしている大人に対して，丁寧なあいさつをすることは気恥ずかしいけど，ときには大切な場面があることについても考えを深めることができました。 ・話合いでは，自分の考えを発表したり，友達の考えを聞いて自分自身の考えを深めることができました。特に

項　目	記入文例
	「江戸のしぐさ」では，日本の伝統的な礼儀作法を体験し，時と場合に応じた礼儀の大切さに考えを深めました。
友情，信頼	**POINT** 友人関係は共に学んだり遊んだりすることによって，互いに影響し合って構築される。活動を通して，切磋琢磨し高め合う真の友情を育てているかをみる。高学年になるに従って異性との友達関係について考える場を設定するのもよい。 -- ・友達関係で悩む登場人物の気持ちを通して，自分だったらどうするか考えることができました。 ・「真の友情とは何か」について話し合う中で，お互いに本音が言い合える間柄であることが大切なことを理解しました。 ・自分の友達関係を振り返り，よりよい関係にするにはどうするかを深く考えることができました。 ・異性との付き合いについて，これまで距離をおいていた自分を振り返り，同性・異性関係なく信頼関係を築くことが大切であることを考えるようになりました。
相互理解，寛容	**POINT** 中学年では自分の考えや意見を相手に伝えるとともに，相手の意見を異なる背景を考え傾聴できるか。高学年はさらになぜそうするか，相手の立場に立って考えているか。議論の中で多面的・多角的に考え，深めていく過程を記述するとよい。 -- ・話合い活動を続けることによって，自分とは異なる意見には背景があることに気付き，友達の考えを理解しようとするようになりました。 ・問題解決場面では，相手の意見を素直に聞き，なぜそのような考えになるのか，相手の立場に立って考えることができました。

項　目	記入文例
C集団や社会との関わり（全般）	**POINT** 自己を様々な社会集団や郷土，国家，国際社会との関わりで捉え，自分が集団・社会の一員であることを自覚しているか，集団に属する心地よさやきまりを守ることの清々しさなどを認める記述を行いたい。 ・初めは自分のことや自然に関心を示すなど，個人道徳が豊かでしたが，みんなと積極的に意見を出し合うことで，社会道徳面が育ってきました。 ・自分の仲間集団や学級の中で，よりよい生活を送るために，集団の一員としての自覚と自分の役割を果たすことが大切なことについての意識を深めています。 ・わが国の伝統や文化を尊重することが，様々な文化と関連づけながら国際理解，国際親善に通じることに気付き，自分でもできることを考えるようになりました。
規則の尊重	**POINT** 低学年では身近な約束やきまりを取り上げ，中学年ではその意義やよさを理解し，高学年では権利や義務という観点から自他の行動について考えを深める。様々な考え方から，きまりや規則がなぜ存在するか，気付きや考えを深める過程を記述するとよい。 ・友達との約束を守れなかったときの気持ちを振り返り，これからの決意を発表できました。 ・教材の登場人物の考え方や感じ方を類推することを通して，きまりを守ることにはどのようなよさがあるかについて考えることができました。 ・きまりを守ると，みんなが気持ちよく生活できることに気付き，自分の生活を振り返ることができました。 ・きまりや規則がなぜあるのかについて深く考えることができました。「図書館員のなやみ」では，守られている約束，守られていない約束について振り返り，その大切さを自覚して，進んで守ろうとする態度が育ちました。

項　目	記入文例
公正，公平，社会正義	**POINT** 低学年は好き嫌いにとらわれず，中学年は誰にも分け隔てせず，高学年では差別・偏見なく，というように広げる。いじめ問題も含め，教材を基に問題解決型の学習で自覚を深めるのもよい。 ・「ずるいなずるいな」での役割演技を通して，誰に対しても分け隔てなく接することの大切さを感じるとともにその難しさにも触れることができました。また話合いでは積極的に発言をし，公平に接することの尊さについての考えを深めることができました。 ・教材の登場人物に自我関与させて，誰に対しても分け隔てなく接することができたときの感じ方を考えることができました。自分を振り返る際には，分け隔てなく接することの大切さについて考えを深めることができました。
勤労，公共の精神	**POINT** 一律に望ましい勤労観・職業観を教え込むことではない。身近な人から集団へと関わりを広げながら，みんなのために働くことの意義を理解し，集団の一員として自分の役割を積極的に果たそうとする態度を記述する。 ・みんなのために働くことには，どのようなよさがあるか自分との関わりで考えることができました。友達との話合いを通して，みんなのために働くことで学級がもっとよくなると自分もうれしい気持ちになることに気付くことができました。 ・地域の職人の方をゲストティーチャーに招いたとき，働く意味や大変さに気付くとともに，自分のご両親にも働く意味を聞いてみたいとワークシートに書いていました。 ・震災ボランティアの活動を振り返って，社会のために役に立つことは何か，自分にもできることは何かを発表するようになりました。

項　目	記入文例
家族愛，家庭生活の充実	**POINT** 低学年では家族生活に受け身だが，高学年になるに従い，一員としての役割を自覚できるようになる。これまでの家族との関わりを振り返り，家族の愛情に気付き，さらに家族のために自分が何ができるか話し合ったことを記述するとよい。 ・家の人に何をしてもらっているか振り返ったとき，自分を育ててくれた家族の思いに気付くことができました。 ・日ごろ世話になっている家族について，自分との関わりで振り返ることができました。 ・友達との対話を通して，家庭生活がつい受け身になってしまうことに気付き，自分も家族の一員として何かしたいという思いを，ノートに書くことができました。 ・家族に対して，自分の気持ちを素直に表現することができるようになりました。特に「おばあちゃんの心」では，自分が家族から受けている愛情の深さに驚き，感謝の気持ちをもつとともに，家族の一員として自分ができることを考えることができました。
よりよい学校生活，集団生活の充実	**POINT** 低学年は教師と友達との関係から自分の居場所を見つけ，中学年は仲間意識の高まりと相まって学級への帰属意識を高め，高学年では自分の役割を自覚する。学校生活のよさについて理解し，よりよい学校にしていくための意欲を具体的に記述するとよい。 ・担任だけでなく多くの先生にお世話になっていることに気付き，感謝の言葉をノートに書くことができました。 ・登場人物の考え方や感じ方を自分との関わりで捉え，学級のよさについて振り返ることができました。 ・よりよい学級をつくるためにはどうしたらよいかを自分事として捉え，自分の担当する当番の仕事にも思いを広げることができました。

項　　目	記入文例
	・学校の歴史や，活動が受け継がれているよさに気付き，意欲的に発表ができました。6年生からのメッセージを聞いて，「4月からは最高学年として，みんなでよりよい学校をつくっていく」という意欲を高めました。
伝統文化の尊重，国や郷土を愛する態度	**POINT** 低学年では身近な自然や文化に触れ，高学年にいくに従って郷土からわが国の伝統や文化へと視野が広がる。そこでは道徳的価値のよさについて気付いたことや関心をもったことなどを記述するとよい。 -------- ・自分のことを振り返る学習では，地域の人と昔遊びをしたことを思い出すことができました。体験した遊びの楽しさから，伝統を伝えることのよさを自分との関わりで考えることができました。 ・地域の歴史や伝統的な行事に関心をもち，進んで発表することができました。ゲストティーチャーの話を聞いて，地域だけではなく，日本に伝わる伝統的な技術にも関心をもち，日本の文化や歴史について考えたことを学習シートに書いていました。
国際理解，国際親善	**POINT** 低学年では自他の文化の区別が困難であるため身近なことから他国の文化に気付かせ，中学年では多様な文化の相違点を理解し，高学年では社会的認識力の発達により，国際理解，親善のために自分にできることなどを考えるとよい。 -------- ・身近な食べ物が，もとは外国から日本に入ってきたものであることに驚き，自分の好きな食べ物からその国の文化や特徴に関心をもつようになりました。 ・オリンピックの意味を考えたとき，それが平和の祭典であることに気付き，国際人となるためには，これからどのようなことをすればよいか考えるようになりました。

項　目	記入文例
D 生命や自然, 崇高なものとの関わり（全般）	**POINT** 自己を生命や自然，美しいもの，気高いものとの関わりで捉え，人間としての自覚を深めるものである。それぞれの道徳的価値に気付き，自分と照らし合わせて考えることができたことを評価する。 ・朝・昼・夕方・夜の空，晴れた日・嵐の日・寒い日・暑い日を振り返り，天気が変わると自分の気持ちも変わることに気付き，自然を実感できました。 ・「七つ星」の学習では，女の子の相手を思いやる温かな心が星になる場面に感動し，積極的に発言しました。人の行いに素直に感動することが自分自身の生活の潤いとなることを自覚することができました。 ・自分自身が大きな自然の中で生き，多くの生命に支えられて生きていることの自覚を深めています。
生命の尊さ	**POINT** 低学年では知的に理解するというより，生活の中でこの価値を感じ取り，中学年以降は生命の連続性や有限性に気付き，自己との関わりで生きることの素晴らしさや生命の尊さを考え，自覚を深めているかを評価する。 ・道徳授業のゲストティーチャーの方のお話を真剣に聞いていました。生まれたときの話など親の視点からの話を聞くことで，自分自身がどれほど大切にされ生きているのか，自覚することができました。 ・生きていることの素晴らしさについて考えた際に，体育の縄跳びで，心臓の鼓動がドキドキ聞こえたことを友達に話して聞かせることができました。生命の尊さについて，自分の感じ方で実感しています。 ・「命のアサガオ」では，心に残った場面をみんなで話し合うことによって，いくつもの感じる部分に気付き，命の有限性に目を向け，精一杯生きていこうとする気持ちが育ちました。

項　目	記入文例
自然愛護	**POINT** 低学年では身近な活動や体験を通して親しみ，中学年では自然のもつ力を感じ取り，高学年では自主的，積極的に自然環境を大切にする態度を見取る。道徳の授業だけでなく，理科や委員会活動において動植物に対して優しく接する姿を評価してやるとよい。 ・命の学習を通じて，人間だけでなく動植物にも生命があることに気付き，それ以降，動植物を大切に扱うようになりました。 ・動植物に優しい心で接することの大切さとともに，つい大切にできないときの気持ちについても，友達との学習を通して考えようとしました。どんなときでも生き物を大切にすることのよさを考えることができました。 ・「ひとふみ十年」では自然の素晴らしさに感動し，自然環境を大切にしようとする意欲が高まり，学校や教室で育てている植物の世話を積極的にするようになりました。
感動，畏敬の念	**POINT** 中学年から感性や知性が著しく発達する段階である。そのために低学年では美しいものに触れて心が揺さぶられたときの思いを，中学年では素直に感動する心を，高学年ではさらに，感動したり尊敬や畏敬の念を抱く心情を，具体的に記述する。 ・風景の美しさについて感動したことを中心に話し合うことができました。自分を振り返った際は，美しい風景を見て感動したこと以外に，人の行いのよさで感動したことにも気付き，友達に伝えています。 ・「もみじ」では，人間の力を超えた自然の美しさを進んで発表することができました。また，景色だけでなく「心や行動」の美しさに気付き，人の心を感動させる美しい行動があることを理解し，大切にしていこうとする心情が育ちました。

項　目	記入文例
よりよく生きる喜び	**POINT** 高学年だけに設けられた項目であるが，低中学年では前項目内容の感動する心にも通じる。この学年段階では，人間であれば，誰しもがもっている弱さと同時に，それを乗り越えようとする強さや気高さを理解することができるようになる。自己の生き方についての考えを深めているかを記述するとよい。 ・○○の学習を通して，くじけてあきらめそうになる人間の弱さを理解するとともに，これを乗り越えようとする強さ，気高さに共感することができました。自分にとって何が大切かについて深く考えようとしました。 ・これまで何となく過ごしてきた自分を振り返り，苦難を乗り越えてきた教材の登場人物の思いに気付き，新たな中学校生活に向けて将来の夢を，自分の生き方として発表することができました。 ・登場人物への自我関与をもとに，これからの学校生活をよりよくするために積極的に取り組んでいこうとする態度が身に付きました。

②道徳的価値の理解

項　目	記入文例
道徳的価値の理解	**POINT** 道徳的価値が人間らしさを表すものであることに気付き，価値理解と同時に人間理解や他者理解を深めた様子を記述する。その表現は「～に気付くことができる」「よさを理解する」「～ができる」「～について考えを深めた」など。 ────────────────────── ・学習の中では，積極的に友達のよいところを認め，考えることで自分のよさにも気付くことができました。 ・実際にいろいろなあいさつをし，互いの気持ちについて考える学習を行ったことにより，気持ちのよいあいさつをするために必要なことを深く考えることができました。 ・役割演技を通して，思いやりをもって行動しても相手の捉え方によって思いやりとならないことを感じるなど，自分の生活につながる学びを深めることができました。 ・仲のよい友達に対して，つい自分勝手な振るまいをしてしまうときの気持ちについて，登場人物を通して考えることができました。相手の気持ちを考えて，友達と仲よくすることの大切さを考えることができました。 ・自分の国とは異なる海外の文化のよさについて，友達とともに考えることができました。身近なものの中には，海外から伝えられてきたものも多くあることを説明すると，他国の文化のよさに驚き，自分から探そうとする様子が見られました。 ・自分の弟の成長やその世話の様子を友達と話し合い，生命の尊さを再認識できました。自分も生命を育んでいる一員であることを自覚し，積極的に関わっていこうとする気持ちを高めました。 ・導入で見せた山の写真を見て「うわぁ…すごい」と思わず息をのんでいました。自然の雄大さやその神々しさを素直に感じることで出た言葉だと感じています。 ・友達の意見をうなずきながら聞いたり，拍手を送ったり

項　目	記入文例
	している姿が見られました。学習シートには，友達の考えを聞いて自分自身の考えが深まったことについて詳しく書かれていました。
人間理解	**POINT** 道徳的価値の理解は，そのよさや大切さだけでなく，実現することの難しさや人間の弱さ（人間理解）などに気付いたときにも，肯定的に捉えて記述するとよい。 ・教材の登場人物の心情理解において，自分の生活経験と照らし合わせて考えることができました。自分はこうしたいという考えだけではなく，その難しさや大変さについても考えを巡らせました。 ・○○についての学習では，頭ではいいことだとわかっていても実行できるかどうかはなかなか難しい思いを発言しました。さらに，どうしたら実行できるか友達と話を深めるようになりました。 ・自律的にきまりを守ることの大切さに気付くとともに，日常生活の中で実行していくことの難しさを感じ取ることができました。
他者理解	**POINT** 道徳的価値を実現したり，実現できなかったりする場合，実際の体験や振り返りを発表したとき，その感じ方や考え方は多様であるということを前提に理解したことを記述する。そのうえで，さらに自分の考えを深めていく，その過程を記述していくとよい。 ・○○についての討議の中で，自分の考えとは様々な点で異なることに気付いて，よりよい自分の考えを発表しようとしていました。 ・道徳的問題を話し合ったとき，友達の考え方は様々であることがわかり，自分と異なる背景を理解しようとしていました。

③自己を見つめる

項　目	記入文例
自己を見つめる	**POINT** 道徳的価値理解を自分との関わりで捉えていることが大事。道徳的価値理解と同時に自己理解を深めている場合に記述する。 ------ ・どの教材でも，これまでの自分の体験を振り返りながら，「自分だったらどうするか」について考えを発表することができました。 ・登場人物が抱えて悩む問題を，自分事のように受け止めて，みんなとは違う考えを自分なりの理由を付けて道徳ノートに書くことができました。 ・道徳ノートを振り返ることによって，これまでの自分の考え方を見つめ直し，来学期の新たな抱負を書くことができました。 ・道徳的価値について，自分のことを振り返りながら考えることができました。できていた経験と同時に，なかなかできないときの気持ちを友達と意見交流しながら考えを深めることができました。 ・思いやる立場と思いやりをされる立場で役割演技をすることで，気持ちがどう違うか発表しました。自分がやってもらいたいことをされたときが一番うれしいことに気付き，実践しようとしています。 ・登場人物の葛藤や気持ちの揺れについて考える中で，自分だったらという気持ちで，常に自分事として考えることができました。 ・教材の主人公の生き方を手がかりにして，これまでの自分を見つめ直し，自分自身の考え方を深めようとしています。

④多面的・多角的に考える

項　目	記入文例
多面的・多角的に考える	**POINT** 議論や討論をしたり，グループで意見を出し合ったりしながら，物事を多面的・多角的に見ているか具体的に記述するとよい。 ・友達との話合いを通じて，よいと思ったことを積極的にすることの大切さを考えることができました。また，よいことをするときには，人によって様々な考え方や感じ方があることについても考えを深めようとしています。 ・友達との話合いを通して，自分の考えと友達の考えが似ていたり違っていたりすることを知ることができました。相手の気持ちを考えることで，今よりも友達とよりよい関係を築くことができるようになると感じています。 ・整理整頓をするときの気持ちには，自分のことだから行うということや叱られないために行うということなど，様々な気持ちがあることを，話合いを通して考えることができました。 ・話合いを通して，あいさつするほうの気持ちとされるほうの気持ちを比べながら，どのようにしたらよいか考えを深めようとしています。 ・役割演技を通して，思いやりをもって行動したことでも相手の受け止め方によっては思いやりとならないことを感じるなど，自分の生活につながる学びを深めようとしています。 ・「いじわる」「働くこと」などの道徳的問題を，友達と積極的に話し合い，自分の考えを深めてきました。相手の考えをうなずきながら聞き，自分の考えに取り入れる発言から，大切なことを学んでいる様子に感心しました。

⑤自己の生き方

項　目	記入文例
自己の生き方	**POINT** 道徳的価値を基盤として，自己の生き方について考えを深めているか。授業で学んだことを日常生活やこれからの人生で生かそうとしているか見取り記述する。 ・授業では，よいと思うことを進んですることの大切さについて，自分事として考えることができました。生活の中で，善悪の判断に迷う場面があると，どちらがよいかを考えて行動しようとする様子が多く見られるようになりました。 ・正直にできたときの気持ちや素直に振るまえたときの気持ちを，日記に書いて話しにくる様子が見られました。生活の中でも考え続ける姿が見られました。 ・意欲的に手伝いや清掃活動を行い，自分が所属する集団に積極的に関わっていくことのよさを感じることができています。今後も多くの人に認められ，さらに自分から取り組む機会が増えることを願っています。 ・学期始めにワークシートに書いていたことを，その後の学校生活で実際に意識して行動していました。自分が決めたことを最後までやり遂げることのよさや難しさについて体験的に学習をすることができました。 ・「自分の生命があるのは，両親や祖父母，曾祖父母がいるからだと思う。だから人を大切にしたい」と，生命の連続性・有限性について考えを深めることができました。

⑥育成する資質・能力

項　目	記入文例
知識・理解	**POINT** 何を理解しているか，何ができるか。道徳的諸価値について理解しているか。ここでいう道徳的諸価値は学習指導要領の内容項目と関連していて，現実生活として「生きて働く知識・理解」として習得できているかということである。 ・自分のことについてよく考え，ワークシートに自分のよいところや自分の考えについて積極的に記入することができました。 ・学習の中では，積極的に友達のよいところを認め，その背景などを考えることで自分のよさについて考えを深めました。 ・学習の中で実際にきまりを守る行動と守らない行動を比較してみることで，きまりを守ることのよさだけではなく，具体的にどのように行動したら守ることができるか考えることができました。 ・授業で学んだことを大切にしながら，学校生活において意欲的に手伝いや清掃活動を行い，自分が所属する集団に積極的に関わっていくことのよさを感じることができています。その自分から進んで継続する姿勢は，多くの人に認められています。 ・導入で見せた山の写真を見て「うわぁ…すごい」と思わず息を呑んでいました。自然の雄大さやその神々しさを素直に感じることで出た言葉だと感じています。今後もその心を大切に生活してほしいと願っています。
思考力・判断力・表現力	**POINT** 理解できることは何か，それをどう使うか。道徳的問題について，多面的・多角的に考えて自己の生き方についての考えを深めているかに対応する。 ・級友との話合いの中でそれぞれの考えの違いや生活経験

項　　目	記入文例
	の違いに触れることができました。自分自身がどのように過ごしたいのか、具体的にどのようなことに気を付けて生活していきたいか、「道徳ノート」に記入することができました。
• 相手の発言もよく聞き、「○○さんと同じで」や「○○さんと反対で」など、自分の考えと友達の考えを比べながら、どのようにすればよりよい自分の生活となるか考えていました。
• 話合いを通して、きまりを守る理由も人によって違うことを知り、自分がきまりを守る理由について考えを深めることができました。自律的にきまりを守ることの大切さや、日常生活の中で実行していくことの難しさを感じ取ることができました。
学びに向かう力、人間性等	**POINT** どのように社会・世界と関わり、よりよい人生を送るか。よりよく生きるための基盤としての道徳性に対応している。主体的に取り組む態度を見取る部分と、感性や個別の道徳的価値観が含まれるため、どのように学びを深めたか個人内で見取る部分がある。

• 教材の登場人物の心情理解を通して、自分自身の生活について考えを深めました。自分はこうしたいという考えだけではなく、その難しさや大変さについても考えを巡らせました。また、友達と話し合う中で、さらに自分がどう生きたいか考えを深めることができました。
• 学期始めにワークシートに書いていたことをその後の学校生活で実際に意識して行動していました。実生活の中から自分が決めたことを、最後までやり遂げることのよさや難しさについて、体験的に学習を深めることができました。
• 学習の中で公正、公平について考え話し合うことで、自分なりの意見を強くもつことができました。また、自己 |

項　　目	記入文例
	の振り返りの場面では,「意地悪があることで人が傷つく世界にしたくない」と,自分の人生観ともいえる考えを表出することができました。
• 自分の弟の成長やその世話の様子を友達と話し合い,生命の尊さを再認識できました。自分も生命を育んでいる一員であることを自覚し,積極的に関わっていこうとする気持ちを高めました。自分の役割を通して,生命の連続性や有限性について,さらに深く感じてほしいと思います。
• 生活科で育てたアサガオの生長に一喜一憂していたころの気持ちを考えたり発言したりすることで,自然を大切にしようとする気持ちを高めました。話し合う中で,自然を大切にすることも生命を大切にすることにつながり,それらは素晴らしいことであるという意識を深めました。
• 常に人に対して礼儀正しくあいさつをする姿は,多くの級友から認められ,周りの友達とのよい関係づくりに役立っています。学習でも礼儀の意味や本当の思いやりについて,積極的に話し合うことで,自分が行っていることのよさを再認識することができました。

5 通信簿の「視点別」記入文例 中学校

①内容項目

項　目	記入文例
自主，自律，自由と責任	**POINT** 自ら考え，判断し，実行し，自己の行為の結果に責任をもつことが道徳の基本。初めは他人の言動に左右されるが，学年が上がるにつれて，自我に目覚め自主的に考え，行動することができるようになる。気付きや深めたことに着目するとよい。 ・他の人からの指示を待って行動するのではなく，自分で判断して決め，それに対して責任をもつことについて様々な視点から考えることができました。 ・休み時間から授業への切り替えができなかった自己の経験を振り返り，自主的に考え判断し行動することについて考えを深めることができました。 ・自分の意見を言わずにいたために失敗してしまう主人公に，自分の日常を重ねて考え，責任を取ることについて考えを深めることができました。 ・責任はリーダーだけにあるものと考えていましたが，話合いをする中で，それぞれの立場に応じて一人一人に責任があることに気付くことができました。 ・仲間の経験を聞くことで，どんな小さなことでも，自分で善悪の判断をして行動することについて考えを深めることができました。
節度，節制	**POINT** 心身の健康の増進，生涯にわたって学ぼうとする意欲や習慣，時間や物を大切にすること，安全への配慮，望ましい生活習慣など，充実した人生を送る上で欠くことができないものとして改めて自覚したことに着目するとよい。

項　目	記入文例
	・自分の欲望や衝動を抑えて自己を制御することと，心身共に健康的な生活を送ることとの関連について，考えを深めることができました。 ・望ましい生活習慣をもつ登場人物の姿を通して，これまでの生活習慣を見直し，節度のある生活を送ることについてノートに記述していました。 ・安全で調和のある生活を送るためには，備えることが大切で，避難訓練の取組について，考えを深めることができました。 ・食事や睡眠時間がきちんとしているときは体調もよく，充実感を感じていたことを振り返り，望ましい生活習慣を身に付けることの大切さについて，考えを深めることができました。 ・生活習慣についての話合いで仲間の考えを聞き，安全に配慮して生活を送ることの意義を様々な面から深く考えることができました。
向上心， 個性の伸長	**POINT** 中学では自己理解が深まり，自分なりの在り方や生き方についての関心が高まり，「人生いかに生きるべきか」真剣に取り組むようになる。自己を肯定的に捉え（自己受容），自己の優れている面などの発見に努め（自己理解），生徒同士との相互理解により自己理解を深めていく過程を記述していくとよい。 ---- ・他の人と比較して自分のよさを捉えるのではなく，何事もあきらめずに取り組むところが自分自身のよさであることを自覚し，自分の人生を輝かせることについて考えを深めることができました。 ・のんびりしていることを自分の欠点と捉えていましたが，見方を変えればそれは慎重であるというよさにも通じることに気付き，これからの自分の生き方について考えを深めることができました。

項　目	記入文例
	・自分は欠点だらけでよいところなどないと考えていたが，誰にでも必ずよい面があることを理解し，自分の生き方について考えることができました。 ・自分のよさについて，級友から優しいところだと言われたことを思い出し，それを自分のよさとして伸ばしていくことと，これからの自分の生き方を結びつけて考えることができました。
希望と勇気， 克己と強い意志	**POINT** 中学では，自分の好むことや価値を認めたものに対しては意欲的に取り組む態度が育ってくる。成功体験や失敗体験を振り返ることによって，目標の達成のためには何が必要かを考えたり，自らの歩みを自己評価させたりして，生徒の努力を評価し挑戦し続ける姿勢を具体的に記述するとよい。 ------ ・現状に満足することなく，より高い目標を設定し，その達成を目指してやり遂げようとする積極的な気持ちをもつことについて考えを深めることができました。 ・目標に向かって最後まで走りきろうとしたマラソンランナーの教材で，希望と勇気をもって目標に向かっていく姿を通して，自分自身の生き方と関わらせて自分の生き方を考えることができました。 ・何度も原稿を突き返されて落ち込み，才能がなければつくればよいと気付く登場人物の姿に自分自身を重ね，自分の生き方について深く考えることができました。 ・強い意志の授業では，3行日記を毎日続けて書くという目標を1学期間続けられたことを振り返り，自分を肯定的に捉えることができました。 ・話合いを通じて，自分の今の目標は部活動でスタメンになることであり，練習では苦しいこともあるけれども，それを乗り越えていくことの意義について考えを深めることができました。

項　目	記入文例
真理の探究, 創造	**POINT** 中学では，人間としての生き方や社会の仕組みなどについて関心が高まる。自分の学習体験と照らし合わせ，わからないことを探究し続け，真理や真実を求めつつ，工夫して新しいものを創造していこうとする積極的な態度を具体的に記述するとよい。<hr>・他の真似をするのではなく，自己の独自の考えに基づいて新しいものを生み出していくことの意義について考えを深めることができました。 ・科学博物館に行ったときに多くの展示品に興味を覚えた経験を思い出し，ものをつくり出したり発見したりすることのおもしろさについて熱く語りました。 ・真理を探究する授業を通じて，ものを分解することが好きな自分は，わからないことを突き詰め，物事の本質を探り見極めようとする姿勢をもっているのかもしれないと，自分の見方を広げることができました。
思いやり, 感謝	**POINT** 中学では単に思いやりや感謝の大切さに気付くだけでなく，相手の立場や気持ちに対する配慮，そして，感謝の対象の広がり（社会の人々・自然への恵み）についても理解を深めていく。これらの気付きや理解の深まりを具体的に記述するとよい。<hr>・思いやりの気持ちをもって相手に接することが，よい人間関係だけでなく，温かな社会をつくる上でとても大切であるという意見を発表することができました。 ・自分が多くの人に支えられて生きていることに改めて気付き，感謝についての考えを深めていました。 ・「軽いやさしさ」では，受け取る側に負担をかけない優しさについて考え，これまでの「思いやり」についての考えを広げることができました。 ・けがをしたときに，友達が優しく声をかけてくれたり手

項　目	記入文例
	を貸してくれたりして感謝の気持ちでいっぱいになった経験を振り返り，思いやりと感謝の関係について考えを深めることができました。 ・思いやりは，単なるあわれみや自己満足とは違うということについての議論で，自分の意見を述べ，積極的に参加することでさらに考えを深めることができました。 ・部活動で何もわからなかったときに，2・3年生が優しく教えてくれてできるようになった経験から，その感謝の気持ちを今度は自分たちが教えてあげることでさらによい学校にしていきたいという意見を述べることができました。
礼儀	**POINT** これまで教えられ無意識に習慣として実践してきた受け身の姿勢から，中学ではあいさつの意義などを主体的に考え理解し，適切な言葉や行動により自律した態度へ変わることが求められる。形の根底に流れる礼儀について改めて気付いたことや深めたこと，さらに国際社会との関係で気付いたことなどを記述するとよい。 ---- ・時と場に応じて，言葉遣いや態度，動作などを適切に行うことの大切さについて，話合いを通じて様々な視点から考えることができました。 ・教材を通して，お礼状を受け取る側はとてもうれしい気持ちになることを知り，お礼の気持ちを伝えることについて考えを深めることができました。 ・礼儀について議論する中で，形だけでなく，そこに自分の思いを込めていくことが大切であることに気付くことができました。 ・茶道を学んだ経験から，相手を思いもてなそうとする心や他の人への配慮を意識する気持ちの美しさについて話し，形の根底に流れている礼儀の意義について議論するきっかけをつくりました。

項　目	記入文例
	・礼儀についての議論を通じて，日本にも他国にも礼儀があり，お互いの礼儀について理解し合うことが国際理解にも通じることに気付き，礼儀について考えを深めることができました。 ・職場体験の際にあいさつは社会で生活していく上での基本だと言われて以来，明るくあいさつすることを発表し，議論のきっかけをつくりました。
友情，信頼	**POINT** 友情は互いの信頼を基盤とする人間としての最も豊かな人間関係である。友情を培うために自分はどうあればよいか，友情とは何か，などについて意見を交換し合い，気付きや考え方を具体的に記述するとよい。 -- ・真の友情は，ただ単に行動を共にすることではなく，相手のことを大切に思い，互いに励まし合ったり高め合ったりしていく関係であることを，改めて考えることができました。 ・友達ががんばっているから自分もがんばれるというような関係の友達は，お互いを高め合うことができる真の友達であることに改めて気付き，真の友情について考えを深めることができました。 ・友情を感じた場面として，風邪で欠席したとき，心配して連絡してくれた友達に，安心感や喜びを感じた経験を発表しました。話合いを通して改めて友情について考え，自分も相手にとってそのような存在の友達でありたいという気持ちを強くしました。 ・友達がいてよかったことを語り合う中で，利己的な思いや押しつけではなく，相手のことを考えているかどうかが重要であることに気付き，真の友情について考えることができました。 ・生涯の友達になるために大切にしたいことは何かという課題について自分なりの考えをもち，積極的に議論に参

項　目	記入文例
	加し，他の人の意見を聞いて，友情観を深めることができました。
相互理解，寛容	**POINT** 中学校の段階では，自分の意見や考えを伝えるとともに，相手の立場に立って聴くことで，真の相互理解が可能になる。議論の中で互いの個性，考え方の背景や立場を尊重して，広い視野に立っていろいろなものの見方・考え方を理解しようとすることを評価するとよい。 ・自分のものの見方や考え方を広げ確かなものにしていくためには，他の人に学ぶことが不可欠で，助言や忠告にも謙虚に耳を傾けることが大切であるという考えを発表しました。 ・話合いを通して，お互いの個性や立場を尊重し，広い視野に立って，いろいろなものの見方や考え方があることを受け入れていくことについて，様々な角度から考えました。 ・自分の考えや意見を伝えるのが難しいと感じたときも，時には毅然とした言葉や態度で伝えることも必要であるということについて深く考えていました。 ・人それぞれにいろいろな見方や考え方があるからこそ，そこから学び，自分を高めていくこともできるのだということを，自分の体験を交えて発表していました。

項　目	記入文例
遵法精神，公徳心	**POINT** 中学では「ルールだから守る」という他律的な捉え方を越えて，「尊重したいから守る」という自律的な捉え方ができるようになる。自分たちが社会の構成員の一人という意識をもちながら，「私」を大切にする心と「公」を大切にする心の関係について，考えを深めたことを記述するとよい。 --- ・話合いを通して，きまりを守らないことが周りの多くの人を悲しい思いにさせることに気付き，集団としてのルールの大切さや厳しさについて考えることができました。 ・「郵便局でのできごと」では，主人公の葛藤する気持ちに共感しながら，「みんなが規則に守られて生活している」と気付いていく気持ちの変化を通して，社会生活を営む上でのきまりの大切さについて考えを深めることができました。 ・鉛筆や消しゴム等を友達の筆箱を勝手に開けて借用した自己の経験を振り返り，自他の権利を大事に考え，集団や社会とのかかわりの大切さについて考えを深めることができました。 ・これまでの自己の生活を振り返り，「自分さえよければ」「自分一人くらいは」という利己的な考えについて話し合うことを通して，集団や社会との関わりの大切さについて，自分の考えを述べることができました。
公正，公平，社会正義	**POINT** 学年が上がるにつれ，社会の在り方について目を向け始め，現実の社会の矛盾や葛藤，差別や偏見といった社会的問題を見いだすことになる。道徳上の問題を考え，その解決に向けて協働して話し合う過程で気付きや考え方を記述するとよい。 --- ・話合いを通して，好ましくない行為を見かけても見過ごしてしまいがちな自己を振り返り，自分が正しいと信じ

小学校　中学校　通信簿　①内容項目

項　目	記入文例
	ることを勇気をもって実践することの大切さについて深く考えることができました。 ・主人公の周囲の人々の支えに対する感謝，自分以外の誰かのためにという心情等を自分自身の心情や経験と重ね合わせて考えることで，正義を大切にするとはどのようなことかを考えることができました。 ・グループで話し合う中で，正義を大切にしたいという心は，主人公だけがもっているのではなく，私も友達もみんなの心の中にあるということに気付き，正義について深く考えることができました。 ・正義とは何かについて話し合う中で，自分自身ならどう思い，選択するか，友達の意見を聞きながら，だれの心の中にも正義があることに気付き考えを深めることができました。 ・友達がいじめられていることを知ったとき，見て見ぬふりをするのではなく，自分にできることを考え，差別や偏見のない集団をつくっていきたいという姿勢をノートに書きました。
社会参画， 公共の精神	**POINT** 地域の清掃活動や行事，ボランティア活動に参加した経験や，現代的な課題を取り上げて，どのようにするか多面的・多角的に考えを深めて話し合ったことを記述するとよい。社会科の公民的分野の学習と関連づけて記述するのもよい。 ・話合いを通して，自分本位に生きるのではなく，社会の向上に目を向け，社会のために奉仕していくことの素晴らしさについて様々な視点から考えることができました。 ・「地震パン」では，被災者のためにパンを作り続け，廉価で売り続けた気持ちを考えることを通して，自分も社会の一員として，身近な生活の中でどのようにしていったらよいか考えることができました。

項　　目	記入文例
	・よりよい社会の実現のために，自分の立場でどのように社会のために尽くしていけばよいか，話合いで自分の考えを深め述べることができました。 ・社会参画の第一歩として，地域の清掃活動にボランティアとして参加してみたいと話していました。 ・震災ボランティアの体験談を聞くことによって，これまで不自由のない生活をしてきた自分を振り返り，社会参画としての自分にもできることは何か発表することができました。
勤労	**POINT** 中学では社会の一員として自分の役割や責任の自覚が芽生えるとともに，他者と関わり様々な経験の中で自らの人生や生き方への関心が高まる。また，現実的に進路の選択を迫られる。外部講師の話や職場体験活動による気付き，自らの生き方を記述するとよい。 ・働く厳しさ，尊さ，意義に気付き，奉仕の精神をもって，社会に役立つことについて深く考えることができました。 ・職場体験をした「わたし」の率直な感想と疑問を考えることを通して，自分自身の職場体験を踏まえて，働くということについて深く考えることができました。 ・自分自身が思っている仕事に対する考え方と，仲間の考えとを比べ，仕事の意義について深く考えることができました。 ・「働く」ということはどういうことなのか，働く意義についてグループで話し合う中で，気の向かない仕事であっても大事なことではないかという友達の意見を聞いて，仕事について深く考えることができました。 ・学級での係分担や委員会活動等の仕事について，責任と関連づけて自分の考えを発表しました。

項　目	記入文例
家族愛， 家庭生活の充実	**POINT** 自我意識が強くなり，自分の判断や意志で生きていこうとする自律への意欲が高まっていく。その中で，家族関係を子どもの視点だけでなく，家族のそれぞれの立場になって，多面的・多角的に考え，自分の気付きや課題を記述するとよい。 ・話合いを通して，自分にとって家族とはどんな存在なのかを考え，家族の温かさや愛情，家族の気持ちを理解し，家族について様々な視点から考えることができました。 ・父母や祖父母の言動やしつけに反抗的になってしまう自分の姿を振り返り，家族とは自分にとってかけがえのない存在であり，家族だからこそ，自分のために忠告や叱責をしてくれることについて，考えを深めることができました。 ・自分の思い通りにならないときに家族に反抗している自分の姿を振り返り，自分にとって家族とはどんな存在なのか，仲間と意見交流することができました。 ・家族に対する気持ちをグループで話し合う中で，かけがえのない家族に対する温かな気持ちや感謝の気持ちを，言葉遣いや態度に表すという意見に共感していました。
よりよい学校生活， 集団生活の充実	**POINT** 学年が上がるにつれて，学校生活にも慣れ，集団の一員としての自覚が次第に高まっていく。学級での話合い活動を基に，よりよい学級生活や学校生活を送るために何をしたらよいか多面的・多角的に考え，その気付きや意欲を記述するとよい。 ・話合いを通して，学級の中で，自分の意に反する役割を引き受けざるを得なかったとき，自己中心的な考え方で集団の一員としての意識の欠如があったことを振り返り，自分に与えられた役割と責任について深く考えることができました。

項　目	記入文例
	・自分の意に反する役割を担ったときの気持ちを語った後，友達の意見を聞くことを通して，自分と同じような気持ちになったことがある友達に共感しながら，集団の中の一員として，任された役割を責任をもって果たしたいという意見を述べることができました。 ・学級や学校の一員としての自覚をもち，自分の役割を責任をもって果たし，協力し合ってよりよい校風をつくることについて，話合いを通して様々な視点から考えることができました。 ・部活動での自分の役割についてあまり意識していなかったが，部活動に所属する友達の意見を聞くことで，集団の中の一員として，一人一人が役割をもち責任を果たすことについて，話合いを通して，考えを深めることができました。
郷土の伝統と文化の尊重，郷土を愛する態度	**POINT** 地域の方に郷土の伝統文化や思いを語ってもらったり，郷土について調べたことや地域行事への参加体験等を話し合うことによって，郷土のよさについて気付いたことや関心をもったことなどを記述するとよい。 ・地域の伝統文化や文化財の継承・発展の大切さに気付き，自分たちの地域の伝統文化を自分たちの手で守り育てていくことについて，考えを深めることができました。 ・「五色桜」では，先人の努力によって今日の郷土があることを実感し，自分の住んでいる郷土に目を向け，地域社会の一員として郷土を愛し，受け継がれてきた伝統を大事にしていきたいという意見を発表しました。 ・地域社会の一員としての自覚をもって郷土を愛し，社会に尽くした先人に尊敬と感謝の念を深め，郷土の発展に努めようという気持ちをノートに記しました。 ・地域の伝統文化や文化財について友達と話し合うことで，これから自分たちが何ができるか，活発に意見を出

項　目	記入文例
	し合いながら話を深め，具体的な提案を発言することができました。
我が国の伝統と文化の尊重，国を愛する態度	**POINT** 日本の国土や歴史に対する理解が深まり，伝統と文化にも一層関心をもつようになる。国の発展に尽くした先人の努力や精神に触れ，自らの気付きや態度を記述するとよい。また，国際社会との関わり考えたことを記述するのもよい。 ・日本固有の優れた伝統と文化のよさについて理解を深め，その価値を継承していくことの大切さについて意見を述べました。 ・「伝統文化に夢をもって」では，イギリス人のダイアンさんが体験した日本の伝統と文化のよさについて，自分の体験と重ね合わせて考えることができました。 ・自分の身の回りには日本古来の箸や手ぬぐいなどたくさんの伝統文化があり，日本人としてもっと日本の伝統文化について知識を広め，深めなければならないという意見を発表しました。 ・自分の身近にある伝統や文化について，主人公のように感じたことのなかった自分に気付き，日本人としてもっと理解を深め，自分のできることからその価値を継承していくことの大切さについて発言することができました。
国際理解，国際貢献	**POINT** 日本のことだけを考えるのではなく，国際的視野に立って，日本人としての自覚をもって国際理解する必要がある。社会科とも関連させながら，世界の様々な問題について，道徳的な問題を議論しながら，考える態度を評価するとよい。 ・どの国の人々も同じ人間として尊重し合い，差別や偏見をもたずに公正・公平に接することが大事であり，それ

項　　目	記入文例
	が真の国際人として求められる生き方について考えを深めることができました。
- 国際貢献のために尽力した主人公の姿を通して，国際的視野に立って世界の平和と人類の発展のために自分に何ができるか，様々な視点から考えを深めることができました。
- 海外で活躍している日本人の国際貢献の在り方について話し合い，自分の生き方につなげて考えることができました。
- 国際貢献に関心がある友達の意見を聞くことを通して，自分ができる国際貢献について深く考え，自分の意見を発表することができました。
- テレビや新聞による海外で働く日本人についての情報に関心を示すようになり，どんな分野で日本が誇る技術や産業などが発展しているのかもっと知りたいと考え，これからの自分の生き方を考えることができました。
生命の尊さ	**POINT** 中学では，生命の有限性や連続性だけでなく，自分がここにいる不思議，社会的関係性や他の生命との関連性などの面から考えられるようになる。生命に関わる現代的課題を取り上げ，多様な考えを交流し合い，深い学びや態度を評価する。

- 話合いを通して，生命に対する理解を深め，生命の尊厳について様々な視点から考えを深めることができました。
- 捨て犬・捨て猫問題の話合いでは，小さな命を救いたい思いや何ができるかなどを提案することができました。
- 話合いで，同じ地球上に生まれながら，病気や飢餓で多くの命が失われていくことについての意見を聞き，今自分にできることは何かということについて様々な視点から考えを深めていました。 |

項　目	記入文例
自然愛護	**POINT** 中学では，豊かな感受性とともに，様々な学習体験を通して人間の力を超えた自然の崇高さを感性と理性の両面で捉えるようになる。人間と自然との関わりを多面的・多角的に捉え，自然を愛する態度や環境保全をしようとする意識の高まりを評価する。 ------ ・自然の中で生かされている自分を理解し，話合いでは，環境保全面から自分にもできることについて意見を発表することができました。 ・議論を通して，人と自然との関わりには様々な考え方があることを理解し，自分の考えを深めることができました。 ・カニやクロマグロなどの資源問題を議論する過程で，持続可能な食糧事情とそのための環境保護の大切さに気付き，自然との関わりについて自分の意見を述べることができました。
感動，畏敬の念	**POINT** 中学では美的な情操が豊かになり，感動する心が育ち，自然や人間の力を超えたものに対して美しさや神秘さを感じ，その中で癒やされる自己に気付くようになる。自然や芸術作品等の出会いを振り返り，感動や畏敬の念などの体験を通した自覚や考えの深まりを評価する。 ------ ・身近にある自然の創り出す美しさや人間の力をはるかに超えた素晴らしさについて，自分の意見を述べることができました。 ・自然の雄大さや神秘の中で自分は生かされているんだということに気付き，自然に対する自分の意見を述べ，仲間と意見交流することができました。 ・道路のアスファルトの間から芽を出した植物の生命力に，自然の力の偉大さや不可思議さなどを感じ取り，クラスのみんなに熱く語っていました。

項　目	記入文例
よりよく生きる喜び	**POINT** 入学時は人間が内にもつ弱さや醜さと同時に，強さや気高さを理解できるようになる。学年が上がるにつれ，崇高な人生を送りたいという気高さを追い求める心が強くなる。学びを通して，夢や希望などよりよい生き方をしようとしているかを評価する。 ・奇跡の一本松について学んだ際に，自分と一本松を重ねて，自分のこれからの生き方について発表することができました。 ・人類共通の課題への理解を深め，自分の生き方と関連させてできることは何か，友達と一緒に考え様々な視点から深く考えることができました。 ・偉人の生き方や話合いを通して，よりよく生きるために必要なことについて様々な視点から考え，自分のこれからの生き方について深く考えていました。

②道徳的価値の理解

項　目	記入文例
道徳的価値に改めて気付く	**POINT** 生徒が理解したことや気付いたことについて，特筆すべき事柄に関して具体的な状況を書く。表現は，「～の大切さに気付く」「～を理解する」「～を考える」「～の考えを深める」「～を感じ取る」「～していこうとする気持ちをもつ」など。 ・人それぞれに必ずその人固有のよさがあることに気付き，自己を肯定的に捉え，自己の優れている面の発見に努め，より輝かせようとすることの大切さについて考えを深めることができました。 ・自分の毎日の生活が，周囲の人だけでなく，多くの社会の人々や，さらには自然の恵み等様々なものに支えられていることに改めて気付き，感謝の思いを深くしました。 ・外国の礼儀やマナーについて外国文化に詳しいゲストティーチャーから話を聞き，外国の礼儀について理解し，自分自身の礼儀を見つめ直すことができました。 ・寛容な心をもつというのは，他人の過ちを大目に見たり，見て見ぬふりをして済ませることではないということを理解することができました。 ・集団の中の一員であることに気付き，自覚をもって，自分に与えられた役割と責任を果たそうとする意欲が芽生え，集団と自己の在り方について理解を深めることができました。
道徳的価値の実現の難しさを捉える（人間理解）	**POINT** 道徳的価値についての理解が深まっても，実際に実現しようとすると困難を伴うことも多い。そのときの自分自身と向き合い考えようとしていることを評価する。 ・誠実に実行することの大切さは理解しているが，何が正しく何が誤りであるかを判断し，失敗も，それを含めて自己の責任として受け止めることの難しさについて述べ

項　目	記入文例
	ました。 ・集団のルールを守らなければいけないということは理解しているが，時にルールの捉えが甘くなってしまう自分について，素直に語ることができました。 ・正義を貫くことが大事だと理解しながらも，実際の場面でその気持ちを表現しようとすることの難しさについて述べることができました。 ・今まで自分のことばかり考えて，人のためにという気持ちが少なかったことを振り返り，人の役に立つ人間になりたいという思いは芽生えましたが，実際に行動に移せるかどうか悩んでいる気持ちを述べることができました。 ・家族が自分にとって大切な存在だと理解していても，照れくさい気持ちがあるため，なかなか素直な気持ちを表現できないことを，正直に述べることができました。
他者理解	**POINT** 道徳的価値を実現したり，実現できなかったりする場合，実際の体験や振り返りを発表したとき，その感じ方や考え方は多様であるということを前提に理解したことを記述する。そのうえで，さらに自分の考えを深めていくその過程を記述していくとよい。 ---- ・討議の中で，様々な考え方があることに対して，いつもその人の考える理由や背景を考えることによって，自分の考えを深めて発表することができました。 ・入れ墨・タトゥー問題など，日本と外国とで感じ方・捉え方により様々な考え方があることに気付いたとき，相入れない問題にどう対処するべきかそれぞれの立場で考えを深めました。 ・道徳的問題を話し合ったとき，一方的な論破をするのではなく，様々な考え方を前提として，異なる考え方の背景を理解しながら対話することができました。

③自己を見つめる

項　目	記入文例
教材の登場人物を通して考えを深める	**POINT** 読み物教材の登場人物を自分に置き換えて考え，自分なりに具体的にイメージして理解しようとしていることに着目して評価する。 ・毎時間の教材の登場人物の生き方について考えながら，自分自身のことを振り返り，自分の生き方について考えを深めることができました。 ・「目標は小刻みに」では，小刻みに目標を設定して，最後には大きな目標を達成できた人物の生き方に共感し，これからの自分の生き方に生かしていこうとする態度ができました。 ・見知らぬ少女のために明かりをつけておいてくれた優しさが描かれた教材で，思いやりをもった人が多くなればよりよい社会になると考え，自分もそういう人になりたいと考えました。 ・「明かりの下の燭台」では，マネージャーとして選手たちを献身的に支えた姿を，部活動という集団に属する一員である自分と重ね合わせて考えることで，役割を自覚し責任を果たすことは，集団向上に結び付くと理解し，考えを深めることができました。 ・「はるかなる時を超え」では，善意の手を差し伸べられる人々の姿に共感し，日常生活の中で，自分も同じような場面に遭遇したとき，「そんな自分でありたい」と考えを深めることができました。
自己の経験を振り返り，内容項目と自分を関連づけて考える	**POINT** 道徳的価値に関連して，自らの生活や考えを見直していることがうかがえる部分に着目して評価する。 ・自分の意見をもたずに周囲に同調して行動した結果，多くの人に迷惑をかけたことを振り返り，今後は自らの意思で判断し行動しようとする気持ちをもつことができま

項　目	記入文例
	した。 ・校外学習で道に迷った際に，地元の人が親切に教えてくれたおかげで予定時間に間に合った経験を踏まえ，改めて感謝の気持ちをもつとともに，自分が多くの人たちに支えられていることに気付くことができました。 ・日常生活の様々な面で支えてもらっている家族に対して，普段はわがままを言って口答えしているが，自分の中に感謝の気持ちがあり，いつかそのことを伝えたいという思いをもつことができました。 ・相手の成長を願う気持ちで忠告をした結果，真意を伝えたことでさらに深い絆を感じられた経験をもとに，友情について深く考えることができました。 ・日常生活の中で「自分さえよければいい」と考えているために起きていることを振り返り，クラスという小さな社会の中でも，自分の立場で尽くしていくことの素晴らしさに気付くことができました。
自分自身の問題として捉えて考える	**POINT** 発言やワークシートへの記述から，授業において自分の生き方として考えていたり，他者の考え方や議論に触れて一面的な見方から多面的な見方へと発展させていたことを評価する。 ------ ・望ましい行動をとるためには，どのような心がけが必要なのかということについての話合いで，自分の考えを深め述べることができました。 ・情報機器の利用に関連して，欲望を抑え自己を統制する節制が必要だが，実際にはそれを行うことの難しさについて話し合う中で，人生をより豊かなものにすることについて考えを深めることができました。 ・今持ち続けている疑問と今後どのように向き合っていくかという課題を話し合い，それを追究していくことが人生を切り拓くことにつながることに気付くことができま

項　目	記入文例
	した。 ・親切にされると自分も他の人に親切にしたくなるということに共感し，この連鎖の輪を大切にして，住みやすい社会を作る一員としての自覚をもちたいと考えることができました。 ・異なる意見を尊重しつつ，自分も成長していくにはどうしたらよいかという課題について，自分なりの考えを発表し，意見交流を通して深く考えていました。 ・地域で大事にしている伝統行事に参加している友達の意見を聴くことで，自分も地域社会の一員であることを自覚し，積極的に地域の伝統文化を守っていきたいという気持ちをもつことができました。

④多面的・多角的に考える

項　　目	記入文例
仲間の意見に触れて，自分の考えを広げる	**POINT** クラス全体や小グループでの議論や話合い活動で仲間の意見を聞くことで，多面的・多角的な見方へと発展させていることを積極的に評価する。 ・毎時間の授業の話合いを通じて，いろいろな考えがあることを理解し，それらを自分の考えと比べることで，自分の考えをより深く見つめ考えることができました。 ・小グループの話合いで，自己を見つめる視点を変えることで自分のよい面を捉えることができることに気付き，新しい見方を獲得することができました。 ・小グループの意見交換で，つらく苦しいときに級友たちがどのように乗り越えているのかを聞き，自分もそのようなときにはがんばって乗り越えていこうという思いを強くもつことができました。 ・理科の授業で気になったことを後でパソコンで調べることがあるという級友の話を聞き，まさにその姿勢が真理の探究だと素直に賞賛することができました。 ・思いやりについて議論する中で，自分も相手も大切な存在だからこそ，お互いに思いやりをもって接していくことが大切であることに気付くことができました。 ・あいさつが相手と自分との距離を縮めてくれるものだという議論の後で，これからは自分のほうから声をかけて友達と関わっていきたいという思いをもつことができました。 ・友情について議論する中で，それぞれが考える友情には様々な形があることに気付き，改めてお互いに高め合えるような友情を築いていきたいという思いを強くもちました。 ・話合い活動を通じて仲間の様々な意見に触れることで，その人の新たな面を発見したり感心したりして相手への理解が深まっていることを実感し，話すことの大切さを

項　目	記入文例
	理解することができました。 • 話合いで他の人の意見を聞くと自分の見方や考え方が広げられるということに気付き，相手に対して謙虚になって学んでいこうという気持ちをもつことができました。 •「働く意義」について話し合う中で，仕事というものは，どんな職種であっても，社会を支え，社会に貢献しているものだということを理解し，職業に対する考え方を改めました。

⑤人間としての生き方

項　目	記入文例
日常への深まりが見られる	**POINT** 日常生活で実際に行動面で変化が見られた場合だけでなく，実践に向けての意欲をもったことも積極的に評価する。 ・自律の授業において，学習の成果が思うように出なかったことの原因が，自分の取組に対する意欲であることに気付き，それを素直に受け止め，次回の定期考査に生かそうとする気持ちをもつことができました。 ・物事に丁寧に取り組むことが自分のよさであることに自信をもち，じっくりとよいものを仕上げていこうという思いを強くすることができました。 ・自分の目標に向かって努力し続け，失敗しても希望と勇気を失わずに，失敗にとらわれないしなやかな思考を持っていたいと，人生に前向きな姿勢を示していました。 ・真理の探究の授業で仲間の意見や考えを聞いた後，各教科の学習において，わからないことを質問し解決しようとする姿勢がこれに当てはまると考えたようです。先生方に質問することが増えてきました。 ・相手から何か指摘されたときに腹を立てるのではなく，謙虚に聞き入れることが自分の成長につながると考え，そのような生き方をしたいとノートに書いていました。 ・自分と他の人は異なるからこそ，相手から学ぶことができると考え，今後は今まで以上に一人一人の違いを尊重していこうと考えました。 ・相手から厳しいことを言われたとき，謙虚な気持ちで受け入れるのは難しいことだが，これからはそうできるようになりたいという思いを書いていました。 ・法やきまりの話合いを通して，「このくらいなら大丈夫」と勝手な判断できまりを破ってしまう自分を振り返り，多くの人に迷惑をかけてしまうことを心に留め生活していこうという気持ちをもつことができました。

⑥その他

項　目	記入文例
回を追うごとに道徳的価値の理解が深まる	**POINT** 学期や年間を通じて，当初に比べ，考えを深めて書くようになったり，既習の内容と関連付けて考えている場面に注目して記述する。 ------ ・4月当初は，ワークシートには感想をそのまま書いているだけでしたが，回を追うごとに自分なりの考えを書くようになってきました。 ・話合い活動が増えるに従い，人それぞれにいろいろなものの見方や考え方があり，違うからこそ発言することで議論が深まることを理解し，発言が増えてきました。 ・授業の回を追うごとに，思いつきで答えるのではなく，よく考えて自分と向かい合って考えた内容を答えるようになってきました。 ・授業の振り返りでは，資料の中の主人公の思いについて書くだけでしたが，自分の姿と重ね合わせて自分事として考えや思いを書けるようになりました。
積極的に発言する	**POINT** 中学校の段階では，みんなの前で意見を述べることに照れを感じる生徒が増えてくる。口火を切って自分の考えを述べたり，新たな見方を勇気をもって発言したりすることを高く評価する。 ------ ・クラス全体の中での発言は少なかったが，4人グループの話合いでは積極的に自分の考えを述べ，他の人の意見を聞きながら考えを深めることができました。 ・自分を輝かせる生き方の議論で，自分は野球が好きなので，それを伸ばして自分らしく生きていきたいという思いを述べることができました。 ・ホームステイに行ったとき，最初のあいさつがお互いの心をとかしていった経験を話し，あいさつのもつ力を実感を伴ってみんなに伝えることができました。

項　目	記入文例
発表は苦手だが，よく考え，ワークシートに表現する	**POINT** 発言は少なくても，ねらいについてじっくり考えている場合もある。ワークシートの記述等にその深まりが見られる場合は，それを評価し勇気付けるようにする。 ・授業での話合いの場面では，仲間の意見をよく聞いて自分の考えを深め，ワークシートでは自分の考えを詳しく書いて表現することができました。 ・ワークシートには，毎時間，自分が考えたことや自分の経験に基づいたことなどが詳しく書いてありました。内容に沿ってよく考えていたことがわかります。 ・毎回のワークシートの感想欄で，様々な状況を具体的に思い浮かべながら，自分なりの考えを深めている記述が多く見られました。 ・毎時間の内容について，自分の経験と関連付けて考えていることがワークシートの記述からわかります。自分の経験を振り返り，それを価値付けたり自信をもったりすることができました。
発言や記述が苦手	**POINT** 発言が多くなかったり，文章に記述するのが苦手な生徒に対しては，教師の話や他の生徒の話に聞き入っている様子などに着目して評価する。 ・毎回の授業で，発言している生徒のほうを向いて話を真剣に聞いています。聞きながらうなずくこともあり，考えを深めようとしていました。 ・感じたり思ったりしたことを，文章にして表現することに苦手意識をもっていますが，友達の意見に耳を傾け，自分の考えていることと照らし合わせながら，熱心に考えることができました。 ・発言やワークシートへの記述では自分の感じたり思ったりしたことをうまく表現できませんでしたが，教師の問いかけに対しては自分の意見を述べることができました。

6 定番教材の記入文例

①小学校・低学年

定番教材	記入文例
かぼちゃのつる	・ペープサートを用いた教師の読み聞かせを熱心に聞く様子から，資料の場面を自分なりにイメージして考えようとしていることがわかりました。 ・かぼちゃはどうすればよかったかという話合いで，自分も伸ばしたいし，迷惑にならない場所で伸ばすと気持ちいいと自分事として発表できました。 ・自分の「やり過ぎて失敗してしまった経験」をしっかりと振り返り，これからの課題として意識することができ，みんなにもそのことを発表することができました。
はしの上のおおかみ	・優しく接するくまと，優しくされたおおかみの両方の気持ちを役割演技を通して考えたことで，人に温かく接することの大切さを自覚することができました。 ・自分がおおかみだったらどうするかの話合いでは，みんなの意見を聞いて，おおかみやうさぎたちだれもが悲しくならないやり方を考えることができました。 ・おおかみ役の役割演技をやってみて，うさぎ役の子の感想を聞くことによって，弱い子には意地悪をしないことを発表していました。 ・今まで自分が親切にしてきた経験やそのときの気持ちを振り返り，みんなの前で発表することができました。
きいろいベンチ	・役割演技を通して，登場人物の気持ちと自分を重ね合わせて考えることができました。約束やきまりはみんなが気持ちよく過ごすために必要なことであることの理解を深めることができました。 ・ベンチを汚した立場と汚された立場の両者の思いを考えて発言し，自分ならどうするか考えることができました。

定番教材	記入文例
	・みんなが使うものを大切にした経験を振り返って自分をしっかりと見つめ，学習したことを自分の生活に置き換えて考えるようになりました。
金のおの	・正直なきこりに自分を重ね合わせて考えることで，うそやごまかしをしないで明るい心で生活することの大切さについて，さらに理解を深めることができました。 ・きこりに共感し，金のおのを見せられたときの気持ちを話し合うことで，正直であろうとする気持ちの根拠は，人によって多様であることに気付くことができました。 ・うそやごまかしをしなかった経験やそのときの気持ちを振り返り，グループで発表し合うことができました。友達の経験と比べながら今の自分を肯定的に捉えることができました。
きつねとぶどう	・感想をつぶやきながら紙芝居に見入る様子から，登場人物に共感し，その場面を具体的にイメージして考えていることが伝わってきました。 ・「おかあさんありがとう」と言った子ぎつねに自分を置き換えて考えることができました。そのときの思いを話し合うことで，親に感謝する気持ちは多様であることに気付き，自分の考え方・感じ方を自覚できました。 ・これまでの生活を振り返り，親が無償の愛で自分を育ててくれていることに気付くことができました。また，親に対する感謝の気持ちをワークシートに書くことができました。
森のゆうびんやさん	・森のこりすからもらった手紙を読んでいるときのくまに共感し，働くことのよさを感じることができました。また，これまでの自分を振り返り，同じような気持ちになった経験と結びつけて考えることができました。 ・「みんなのために働いてよかった」と感じた経験を聞き

小学校　中学校　通信簿　定番教材

定番教材	記入文例
	合うことで，働くことに対する思いは多様であることを知り，ねらいとする道徳的価値の理解を深めることができました。 • 1年生のときに記入した「しごとをがんばったときの気持ち」を読み返し，みんなのために働くことを楽しいと感じている自分を肯定的に捉えることができました。

②小学校・中学年

定番教材	記入文例
ないた赤鬼	・二人はどうすればよかったかを議論したとき，友達の意見を基に，本当の友人関係とは何かという友達観を深めることができました。 ・紙芝居の読み聞かせをじっくりと聞く様子から，登場人物に共感し，自分が赤鬼だったらどうするか，その場面を具体的にイメージして理解しようとしていることが伝わってきました。 ・青鬼の行動について友達と議論することを通して，道徳的な問題に対する判断の根拠や考え方は人によって多様であることを知り，自分の考えをさらに深めることができました。 ・今までの自分を振り返り，友達のことを思って行動したことがある自分を肯定的に捉えるとともに，今後も友達を信頼し，助け合っていこうとする思いを高めることができました。
ヒキガエルとロバ	・教材での学習を通して，動植物など生命あるものを大切にしようとする思いを高めるだけでなく，自分自身も一生懸命生きるべき存在であることに気付くことができました。 ・これまでの自分を振り返り，生活科の学習で育てた動植物のことを思い返しながら，ねらいとする道徳的価値について自分との関わりで考えることができました。
ブラッドレーのせいきゅう書	・ブラッドレーに自分自身を重ねて考えることで，家族に世話をしてもらうことを当たり前に感じている気持ちが自分にもあることに気付き，自己の生き方を考えるきっかけとすることができました。 ・ブラッドレーと母親の思いを比較しながら話し合うことで，ねらいとする道徳的価値を多面的・多角的に考え，家族を支えてくれる親の立場や気持ちに気付くことがで

定番教材	記入文例
	きました。 ・みんなで話し合ったことをきっかけに自らの生活を振り返り、家族の一員であるという自覚を深めるとともに、協力し合って楽しい家庭をつくろうとする思いを新たにすることができました。
金色の魚	・場面絵を見つめながら資料の読み聞かせに耳を傾ける様子から、登場人物に共感し、自分との関わりでその場面を具体的にイメージして理解しようとしていることが伝わってきました。 ・自分ならどうするかを話し合ううち、「よく考える」ことについて、人によって様々な考えがあることに気付いて発表していました。 ・おばあさんに共感し、次々と願いが叶うときの気持ちを考えることで、欲望に負けてしまう人間の弱さを自分との関わりで考え、道徳的価値を実現することの難しさを実感することができました。
絵はがきと切手	・自分がひろ子だったら「友達だから教えてあげる」のか「お礼だけ言う」のか、立場を明確にして話し合ったことで、友情について様々な視点から考えて、ねらいとする道徳的価値の理解を深めることができました。 ・友達の目を見ながらしっかりと発言を聞こうとする様子から、自分とは違う意見や立場を理解しようとしていることが伝わってきました。 ・これまでの友達との付き合いを振り返り、自分にも間違いを指摘し合える友達がいることを再認識するとともに、よりよい友達関係を築いていこうとする思いを深めることができました。
雨のバスていりゅう所で	・のき下からかけ出すよし子さんと、その様子を見ているバスを待つ人たちと両方の立場で役割演技をすること

定番教材	記入文例
	で，約束や社会のきまりが必要な理由を多面的・多角的に考えることができました。 ・他の乗客の立場を考えた友達の意見をじっくり聞きながら「なるほどね」とつぶやくなど，友達の発言から自分の考えを深めようとしている様子が見られました。 ・身の回りにあるきまりやその意義を話し合うことで，きまりに対する自分の考え方や，これからの自己の課題を見つめることができました。

③小学校・高学年

定番教材	記入文例
手品師	・自分の夢か，約束を守るか手品師が悩む場面では，自分だったらどうするか立場を明確にした上で友達と議論することで，自分と違う意見や立場も理解しようとする様子が見られました。 ・悩んだ場面で友達と議論する中から，どちらもハッピーになる第三の道を探ることによって，多面的・多角的な見方ができるようになりました。 ・悩んだ末に男の子との約束を優先した手品師に共感し，その思いを話し合うことで，ねらいとする道徳的価値の理解を深めることができました。 ・教師や友達の話をじっくりと聞き，考えを深めることができたので，誠実に行動するにはどのようにすればよいのか，ワークシートに自分の考えをしっかりと書き込むことができました。
うばわれた自由	・役割演技に真剣に取り組み，登場人物に自分自身を重ね合わせることができていたので，決死の覚悟で王子に忠告するガリューの思いを自分との関わりで考え，発言することができました。 ・自由と規律が葛藤する状況をみんなで議論することで，多面的・多角的に考えて「本当の自由」を大切にしていこうとする態度が身に付きました。 ・学んだ「自由」について，これからの生活にどう生かせるか考えるようになりました。 ・ガリューやジェラール王子に共感し，自分の考えを明確にしながら友達と話し合うことで「本当の自由」についての理解を深め，道徳ノートに自分の考えを書き込むことができました。 ・資料を通して友達と議論したことで，これまでの自分の「自由」に対する考え方が深まったことに気付き，そのことをワークシートに書いたり，みんなに発表したりす

定番教材	記入文例
	ることができました。
ブランコ乗りとピエロ	・ピエロとサムと両方の立場で役割演技をすることで，自分だったらどちらの立場を支持するか多面的・多角的に考え，自分の意見を明確にして友達と議論することができました。 ・自分とは違う考え方や感じ方の発言も，相手の目を見ながら熱心に聞こうとする姿から，自分とは異なる立場や意見を尊重することの大切さを感得していることが伝わってきました。 ・これまでの生活を振り返り，今まであまり広い心で人と関わってこなかった自分に気付くとともに，今後の望ましい自己の生き方を考え，ワークシートに書くことができました。
銀のしょく台	・ジャンの過ちを許した司教の行いをきっかけに，自分だったらどのように行動するかを明確にして友達と討論することができました。異なる意見や立場と比べながら「広い心」について深く考えることができました。 ・資料を通して道徳的価値を実現することの難しさを自分事として捉えることができたので，今までの自分を振り返りながら相手の立場に立って考えることの大切さについて考えを深めることができました。
小川笙船	・自らの使命を全うする小川笙船の生き方について友達と議論することを通して，自らの生活や考えを見直し，ねらいとする道徳的価値の理解を深めている様子が見られました。 ・資料を通した話合いで，友達の役割に対する思いや考えに触れたことで，自己の役割や集団生活に対する考え方が広がり，そのことをワークシートに詳しく記述することができました。

定番教材	記入文例
	・本時の資料を通して学んだことと，昨年度に記入した自分の役割に対する考えとを比較しながら，今後委員会活動をよりよくするためにできることを具体的に考え，発表することができました。
青の洞門	・資料を読んだ後の感想から，人間の崇高さに感動した様子が伝わってきました。また，どうして感動したのか友達と意見を交流することで，自分とは異なる思いに触れて多様な感じ方があることを実感していました。 ・了海に対する実之助の思いを変えたものが何なのか，登場人物を自分に置き換えて考え，積極的に発言することができました。 ・「5年生のとき『大造じいさんとがん』を読んでとても感動した」というワークシートの記述から，自分の体験を振り返り，本時の学習と関連づけて考えていたことがわかりました。

④中学校

定番教材	記入文例
バスと赤ちゃん	・「バスと赤ちゃん」では，母親の配慮と運転手の思いやりに共感し，公共の場での在り方について深く考えました。 ・「バスと赤ちゃん」では，バスの中の雰囲気について様々な場合を考えて発表し，よりよい社会の実現には，互いの配慮が必要であることについてみんなで考えるきっかけをつくりました。 ・「バスと赤ちゃん」では，母親，運転手，乗客がお互いに配慮し思いやっている心情について，それぞれの立場を考えながら積極的に発言しました。
裏庭でのできごと	・「裏庭でのできごと」では，職員室に向かう健二がどのようなことを考えていたかという課題について，様々な角度から考えることができました。 ・「裏庭でのできごと」では，友人関係と誠実との間で悩む健二に共感し，自主的な判断と誠実な行動の難しさや大切さについて深く考えました。 ・「裏庭でのできごと」では，健二に足りないものは何かという課題に対して，人の意見に左右されずに，物事をよく考え判断することであると考え，その視点から今後の自分についてしっかりとワークシートに書きました。
オーストリアのマス川	・「オーストリアのマス川」では，グレーリングを放ったときの気持ちと監視員に賛辞を受けたときの気持ちについて様々な角度から考えることができました。 ・「オーストリアのマス川」では，なぜグレーリングを放つことができたのかという課題に，自分なりの考えをしっかりと書くことができました。 ・「オーストリアのマス川」では，誇りをもって生きることの大切さについて発表し，これからの生き方についてノートに書きました。

定番教材	記入文例
ネパールのビール	・「ネパールのビール」では、チェトリを疑ったことを後悔する「私」の姿から、人を信じることの難しさと疑った自分を恥じる気持ちについて深く考えました。 ・「ネパールのビール」では、「私」のために山をいくつも超えてビールを買ってきてくれたチェトリの誠実さについて自我関与を深めながら考えることができました。 ・「ネパールのビール」では、人間には、人を疑うような弱さもあるが、そのことを悔いその弱さを克服したいと願う気持ちがあることについて理解することができました。そのうえで、自分自身の誇りある生き方について深く考えることができました。
一冊のノート	・「一冊のノート」では、祖母と並んで草取りを始めた僕が心の中でどんな言葉をかけたのかという課題について、議論に参加しながら考えを深めることができました。 ・「一冊のノート」では、ノートに祖母のどのような思いが込められているかという課題について、多面的・多角的に考えることができました。 ・「一冊のノート」では、孫を思う祖母の思いを通して、家族の一員としての在り方について考えました。
美しい母の顔	・「美しい母の顔」では、子どもを助けるためにやけどを負ったこと、さらに、そのことを言わずにいた母の愛について深く考えていました。 ・「美しい母の顔」では、親の愛について考え、自分の命や家族の一員としての在り方について考えを深めていました。 ・「美しい母の顔」では、自分の家族への思いや自分を支えてくれている家族の思いなど、自分に重ね合わせて考えることができました。
二通の手紙	・「二通の手紙」では、元さんが規則を破ってまで子ども

定番教材	記入文例
	たちを入れようとした気持ちについて，多面的・多角的に考えることができました。 ・「二通の手紙」では，自分が元さんの立場だったら，どのような対応をするかという課題に対して，自分の意見をしっかり述べることができました。 ・「二通の手紙」では，法やきまりがなぜあるのかということについて，破るとどんな問題が起きるかという点から問題提起をし，深く議論するきっかけをつくりました。 ・「二通の手紙」の学習以降，なぜこんなきまりや規則があるのか考えて学校生活を送っていると発表し，法律にも興味をもつようになりました。
言葉の向こうに	・「言葉の向こうに」では，異なるものの見方や考え方を受け止めながら，他の人とコミュニケーションを図っていくためには，どのようなことが大切かということについて，深く考えることができました。 ・「言葉の向こうに」では，いろいろなものの見方や考え方があることについて理解を深めることができました。 ・「言葉の向こうに」では，コミュニケーションをとる上で大事なことは何かという課題に対して，様々な観点から考えていました。
二人の弟子	・「二人の弟子」では，上人の最後の言葉に込められた思いについて話し合い，自分自身の心と向き合ってこそ自分の生き方が見えてくる，という自分の意見を述べることができました。 ・「二人の弟子」では，なぜ上人が道信を許したのかということについて，話合いを通して自分の考えを深めることができました。 ・「二人の弟子」では，上人が道信を許したことについてどう思うかという課題について，他の人の意見を聞くことで自分の考えを深めることができました。

定番教材	記入文例
木箱の中のえんぴつたち	・「木箱の中のえんぴつたち」では，自分の夢を実現しようとするとき，どんなことが大切なのか話合いを通して友達の意見を聞くことで，自分の考えをさらに深めることができました。 ・クラスメイトとの議論から，あきらめかけていた自分を振り返り，明るい希望をもつことができました。 ・夢の実現についての話合いで，様々な見方や考え方があることに勇気をもらい，自分自身の将来の目標についても深く考えることができました。
葉っぱのフレディ	・「葉っぱのフレディ」では，ダニエルとフレディの「命」と向き合う思いや感情を考えることで，生命の尊厳に気付き，命の大切さを自覚することができました。 ・命の意味を考える話合いでは，クラスメイトの見解に耳を傾けながら，生命あるものは互いに支え合って生き，生かされていることに感謝の念をもつことの大切さに気付き，生命の尊厳の意識を高めることができました。 ・「葉っぱのフレディ」では，ダニエルの言葉を今生きている自分と重ね合わせ，自分の命がずっと前から受け継がれていることのすばらしさを理解し，自分の命を大事にしていきたいと深く考えることができました。
海と空―樫野の人々―	・「海と空―樫野の人々―」では，国際社会の一員として，世界との関わりの中で，自分にできることやしてみたいことについて積極的に発言し，自分の考えを深めることができました。 ・「海と空―樫野の人々―」では，樫野やトルコの人々の思いや行動について，自分と重ね合わせて考えることができました。 ・クラスの話合いで，真の国際人とは他国の文化やよさを尊重するだけではなく，自国の文化やよさを大切にすることに気付き，自分にできる小さな日本自慢を探すよう

定番教材	記入文例
	になりました。
明りの下の燭台	・あなたが鈴木さんだったらどうするかの討論では，部活動にがんばっている自分に置き換えて，集団の中の一員として，自分に与えられた役割と責任を果たすことの大切さを自覚して発表することができました。 ・討論を通して多様な考え方があるのに気付き，夢や生きがいとともに，集団の一員としての役割や責任など，自分とは異なる友達の考え方を取り入れて自分の考えを発表することができました。 ・「明りの下の燭台」では，鈴木さんの姿を通して，集団の中における自分の大切さに気付き，集団の一員としての役割と責任を果たすことについて考えを深めました。
ふと目の前に	・「ふと目の前に」では，軽はずみな判断によって，人に迷惑をかけたり，差別してしまったりすることなく，その人の立場や気持ちを理解して行動することの大切さを深く考えることができました。 ・「ふと目の前に」では，思い込みで人に嫌な思いをさせてしまった経験を振り返り，自分の考えをしっかりと発表することができました。
帰郷	・思いやりの心の根底にあるものは何か，クラスの討議で様々な考えがあることに気付き，自分と友達の考え方の相違点を基に，なぜ自分は思いやるか考えを深めました。 ・どんなときに「ぬくもり」を感じたか振り返ることで，具体的に周りの人々に支えられて生きていることに気付き，感謝の心を深めることができました。 ・「帰郷」では，多くの人々の善意や支えにより，日々の生活や現在の自分があることに気付き，それに対して感謝し応えようとするしっかりとした発言がありました。

定番教材	記入文例
六千人の命のビザ	・「六千人の命のビザ」では，ビザを発行した杉原さんの姿と自分を重ね合わせて，自分だったらどうするだろうか自分の考えを発表し，理解を深めました。 ・「六千人の命のビザ」では，杉原さんの私心を超えて正義を貫いた姿の奥にある思いを考え合うことで，これからの生活の中で自信をもって，正しいことを貫いていこうとする意欲を高めることができました。 ・今の自分には簡単にできるものではないけれど，正義を貫くことの大切さについて考え，小さくても自分にできそうな正義をしっかりとワークシートに書いていました。
足袋の季節	・「足袋の季節」では，自分ならどうするかという話合いで，人間の弱さや醜さはだれにもあり，それを自分自身の問題として素直に受け入れ，深く考えました。 ・「足袋の季節」では，過去や今の自分自身の弱さや醜さを見つめ，未来のよりよい人生を支えるものは何か，話合いを通して，自分の誇りとすることを発表しました。 ・誘惑に負けたり，自信を失ったりする自分を見つめ，様々な人と意見交換をすることによって，失敗を素直に受け止め，人としてのよさを生かし，弱さを克服していこうとしています。
鳩が飛び立つ日	・「鳩が飛び立つ日」では，よりよい社会の実現のために，決してあきらめることなく人生を生き抜いた筆子の姿と自分を重ね合わせて，自分にできることは何かを考えることができました。 ・「鳩が飛び立つ日」では，他者と共に手を携え，だれもが安心して暮らせる社会をつくっていこうと願う心の働きが自分にもあることについての意識を深めていました。 ・自分にできることの話合いでは，クラスの友達の意見に触発されながら，社会に貢献できる仕事や自分の将来の夢をしっかりと語ることができました。

道徳の評価

指導要録の
文例
編

小学校
中学校

1 指導要録の「特別の教科 道徳」記入のポイント

1 「特別の教科 道徳」（道徳科）の評価の基本は，通信簿と同じです

- 数値による評価ではなく，記述式。
- 個人内評価で，児童・生徒一人一人のよさや成長を捉える。
- 個々の内容項目ではなく，大くくりなまとまりを踏まえた評価。
- 学習状況や道徳性に係る成長の様子を記述する。
- 多面的・多角的な見方へと発展しているか。
- 道徳的価値の理解を自分自身との関わりで深めているか，等。

2 道徳科の指導要録は，いつ記入するのですか？ 一定のまとまりの評価とは？

- 道徳科の評価は，学年末に。
- 道徳性の成長はすぐに現れるものでもなく，指導要録では，1年間という長い期間で捉えて評価する。

3 通信簿との内容の違いは？

- 通信簿の記述が，児童・生徒のよさや成長を認め励ましたり，学習状況などを保護者へ伝えたりすることを目的としているのに対して，指導要録への記述は，次学年へ引き継ぎ，指導に生かす性格がある。
- 通信簿の場合，ある1時間のエピソードやその学期の中で成長・変容を記述するが（各教科で例えるなら単元単位），指導要録の場合は，期間が長くなることによって，個々の内容項目ごとではなく，大くくりなまとまりとして（単元をまとめた特長や成長）評価することになる。

4 記入の視点は？

- 1年間で捉えた，大くくりなまとまりを踏まえた評価になる。記入の視点は61ページに示したとおりであるが，ここでは記入の便宜を図るため，さらに様々な視点を139ページ以降に示しておく。

5 評価の信頼性・妥当性を高めるには？

- 評価は，個々の教師が個人として行うのではなく，学校として組織的・

計画的に行う。いわゆる,「チームとしての評価」である。
- 評価の質を高めるためには,評価の視点や方法,評価のために集める資料などについて,あらかじめ学年内,学校内で共通認識をもっておく。

❻ 記入事項は説明責任が果たせるものであること

- 情報開示を前提として,なぜこのような評価になったか問われたときに具体的に説明できるものでなくてはならない。
- そのために大切なものが評価資料の収集であり,上述の「チームとしての評価」もこれを担保する1つの方法である。
- さらに三者面談の場面で,本人・保護者とともに指導のための評価結果を説明し,共通認識として納得してもらったことを指導要録に記載するというのも1つの方法である。

❼ 発達障害等のある児童・生徒への必要な配慮とは？

- 個別の指導計画等に指導上の必要な配慮を記載することが考えられるが,評価を行うに当たっても,困難さの状況ごとの配慮が必要である。
- 配慮を伴った指導を行った結果として,相手の意見を取り入れつつ自分の考えを深めているかなど,児童・生徒が多角的・多面的な見方へ発展させていたり道徳的価値を自分のこととして捉えていたりしているかを丁寧に見取る必要がある。

2 道徳科の評価と入学者選抜との関係

◆指導要録は各教育委員会が様式等を決めて，学校に備え付ける公簿であり，記載の方法などについては，各学校で共通認識をもつ必要がある。

★道徳科の評価は，選抜に当たり客観性・公平性が求められる入学者選抜とはなじまないものであり，このため，道徳科の評価は調査書には記載せず，入学者選抜の合否判定に活用することのないようにする必要がある。

（学習指導要領（平成29年告示）解説　特別の教科　道徳編）

学習指導要領の一部改正に伴う小学校，中学校及び特別支援学校小学部・中学部における児童生徒の学習評価及び指導要録の改善等について（通知）（※抜粋）

入学者選抜における取扱について

道徳科における学習状況や道徳性に係る成長の様子の把握については，

・児童生徒の人格そのものに働きかけ，道徳性を養うという道徳科の目標に照らし，その児童生徒がいかに成長したかを積極的に受け止め，励ます観点から行うものであり，個人内評価であるとの趣旨がより強く要請されること。

・児童生徒自身が，入学者選抜や調査書などを気にすることなく，真正面から自分のこととして道徳的価値に多面的・多角的に向き合うことこそ道徳教育の質的転換の目的であることから，「各教科の評定」や「出欠の記録」，「行動の記録」，「総合所見及び指導上参考となる諸事項」などとは基本的な性格が異なるものであり，調査書に記載せず，入学者選抜の合否判定に活用することのないようにすること。

（平成28年7月29日　文部科学省初等中等教育局長通知）

3 学校の教育活動全体を通じて行う道徳教育の評価

◆「行動の記録」

学校生活全体で認められる児童・生徒の行動について，項目ごとにその趣旨に照らして「十分満足できる状況」の場合に○印を記入する。

- 2段階の絶対評定であって，「特別の教科　道徳」が記述式の個人内評価とは異なる。
- 見取る場面は学校教育全体であるのに対し，「特別の教科　道徳」は道徳の授業である。主に道徳教育の行動面に現れた成果を評価する。
- 内容項目は，「特別の教科　道徳」の内容項目と矛盾するものではない。（→ P19 詳細）

「基本的な生活習慣」	「思いやり・協力」
「健康・体力の向上」	「生命尊重・自然愛護」
「自主・自律」	「勤労・奉仕」
「責任感」	「公正・公平」
「創意工夫」	「公共心・公徳心」

◆「総合所見及び指導上参考となる諸事項」

学習指導要領第1章総則の第3の2の(1)では，「児童生徒のよい点や進歩の状況などを積極的に評価し，学習したことの意義や価値を実感できるようにすること」とある。

指導要録においては，個人内評価のように，本人としての特徴，成長の様子を記述式で記録する。

- 学校教育全体で行う道徳教育の評価であり，道徳性の特徴と成長の様子を記述する。
- 「特別の教科　道徳」は道徳性の育成が目標なので，「成長」に重きを置き，学校教育全体では，実態が大切なので，「特徴」に重きを置いて記録するとよい。

4 指導要録の「特別の教科　道徳」記入文例

①学習状況　発達段階を考慮したコメントは頭に**小学・低／中／高，中学**の区分

項　目	記入文例
学習状況	**POINT** 道徳性とは，よりよく生きようとする人格的特性であり，内面的特性である。この道徳性が養われたかどうかは容易に判断できるものではなく，自己を見つめ多面的・多角的に考える「学習活動」を通して，その学習状況を把握し評価する。2つの視点として， ①他者の考え方や議論に触れ自律的に思考する中で，一面的な見方から多面的・多角的な見方へ発展しているか。 ②道徳的価値の理解を自分自身との関わりの中で深めているか。 ★どれだけ道徳的価値を理解したかなどの基準を設定することはふさわしくない。 ・・・・・・・・・・・・・・・・・・・・・・・・・・・ ・複数の道徳的価値の対立する場面で，多面的・多角的に考えようとしている。【平28年，専門家会議報告・例文】 ・読み物教材の登場人物を自分に置き換えて，具体的に理解しようとしている。【報告・例文】 ・道徳的価値を実現することの難しさを自分事として捉えようとしている。【報告・例文】 ・登場人物の気持ちや行動に自我関与しながら，自分の考えを発表している。 ・登場人物に共感し，葛藤を自分のこととして捉え，判断や根拠を説明しようとしている。 ・役割演技では，いつも役になりきって表現をし，友達の意見を傾聴して自分の考えを深めている。 ・道徳的な課題を自分のこととして主体的に考え，判断している。 ・話合いを通して，自分と異なる意見や立場の理解を深め

項　目	記入文例
中学	ている。 ・自分の意見にこだわらず，友達の意見を取り入れ，関係者の心情や事情にも配慮している。
中学	・友達との学び合いの中で，自分の生き方について新たな可能性を見いだし考えを深めている。

②道徳性に係る成長の様子

項　目	記入文例
道徳性に係る成長の様子	**POINT** 道徳性は，道徳的価値の理解を基に，長期にわたる学習活動を通して身に付くものであり，1時間の授業ですぐ身に付くものではない。 ①1年間を通した道徳性の成長の様子を捉え，子どもが自らの成長を実感し，意欲的に取り組む肯定的評価による個人内評価とする。 ②記述は，個々の内容項目ではなく，大くくりなまとまりを踏まえて評価する。 ③通信簿の記録を活かし，次年度への目標や引き継ぎ（指導と評価の一体化），教師の願いや決めつけなどの主観を避けた成長の客観的記録とする。
小学・低	・学習を通して友達や身近な人の気持ちを積極的に考えようとしている。 ・集団の中で自己の考えを適切に発表したり，他者の意見に共感したりして考えを深めている。 ・主人公の気持ちを理解することから，回を追うごとに，自分だったらこうすると発表するようになった。 ・自分に関する個人道徳だけでなく，さらに学級や学校の中での社会道徳へと広がりをもって考えようとしている。
小学・高 中学	・先人の生き方から目指すべき生き方を見いだし，大切にしたいという思いを描いて，自分の将来を見つめている。

❸学習活動

項　　目	記入文例
道徳的価値の理解	**POINT** 指導内容である道徳的価値の意義や大切さを実感を伴って理解することである。 ①自己を見つめ，多面的・多角的に考え，自己の生き方について考えを深める指導方法を通して，よさや大切さに気付いたとき評価する。 ②内容項目ごとに評価するものではなく，大くくりなまとまりを踏まえて評価する。 ----- ・自分自身に関する道徳的価値について，友達と話し合うことで，ふだん気付かない自分を発見している。 ・自分のことだけでなく，相手の気持ちもよく考え，相手を思いやる言動を心がけるようになった。 ・自由に行動することの意味を知るとともに，責任をもって行動することの大切さについて理解を深めている。 ・思いやりや正義について，しっかりした考えをもち，徐々に高めていっている。
中学	・小さな動物の生命力に触れて，命や自然の大切さの理解を深めている。 ・話合いを通して，異性に好意をもつことは発達段階からして自然なことであり，敬意をもつ必要があることを理解している。
人間理解	**POINT** 道徳的価値は大切であっても，なかなか実現することができない人間の弱さを理解することでもあり，これを肯定的に捉えて評価する。 ----- ・道徳的価値を実現することの難しさを自分事として捉えて考えている。【報告・例文】 ・頭ではいいとわかっていても，実行が難しい道徳的価値については，友達とともに乗り超えようと話合いを深めている。

項　目	記入文例
中学	・道徳的価値の実現は難しいことに気付くとともに，話し合って，どうすれば実現できるか考えを深めている。 ・話合いで，人間が一面にもつ弱さと対極にある強さについて，誰でももっているという認識を深めている。
他者理解	**POINT** 道徳的価値を実現したり，実現できなかったりした場合の感じ方，考え方は多様であることを前提とした理解である。 ・道徳的価値の実現には，多様な感じ方や考え方があることを，話合いを通して理解を深めている。 ・道徳的価値を話し合う中で，人によって様々な意見があることに気付き，自分なりの考えを発表している。 ・人それぞれにいろいろな見方や考え方があるからこそ，そこから学び，自分を高めていくことになることの理解を深めている。
中学	・文化の違いにより，1つの答えのない問題には最善解を議論するのが現実であるとの考えを深めている。
中学	・人とコミュニケーションをとることが他者理解に通じ，ひいては国際理解や国際親善に通ずることに気付き，グローバルなものの見方をし，考えを深めている。
自己を見つめる（自分との関わり）	**POINT** 自己の経験を振り返り自らの考えや生活を見直して，道徳的価値の理解を自分自身との関わりの中で深めている場合に評価する。
小学・低	・回を重ねるごとに自分の経験を振り返り，その気持ちを発表することができるようになった。 ・これまでの自分の経験やそのときの感じ方を振り返ることによって，自分の取り得る行動を考えている。
小学・高 中学	・道徳の教科書や興味深い資料を日ごろからひも解いて見るようになり，生き方への関心を深めている。

項　目	記入文例
中学	・友達との語り合いを通して，友達の生き方に学び，自らの生き方の幅を広げている。
中学	・道徳的価値と自己の有り様を関わらせて，自分について考えるようになり，自己内省，自己理解を深めている。
自分を見つめる（教材の登場人物を通して）	**POINT** 読み物教材の登場人物を自分に置き換えて考え，自分なりに具体的にイメージして理解しようとしていることに着目して評価する。
小学・低中	・読み物教材の登場人物を自分に置き換えて，具体的に理解しようとしている。【報告・例文】 ・主人公を自分に置き換え，自分なりにイメージして発表している。 ・登場人物が悩む問題を，自分事のように受け止めて，自分なりの理由を付けて発表している。 ・登場人物の葛藤や気持ちの揺れを考える中で，自分だったらと自分の問題として考えている。
中学	・主人公の生き方を手掛かりにして，自分の生活や考えを見直している。 ・読み物教材では，多様な価値の選択場面で「自分だったらどうするか」の視点で考え，理由を付けて説明している。
中学	・主人公の生き方を通して，人生の意味をどこに求めるか，自分の将来を深く考えている。
多面的・多角的に考える	**POINT** 学級全体やペア，小グループでの議論や話合い活動で友達の意見を聞くことで，一面的な見方から多面的・多角的な見方へと発展させている様子を積極的に評価する。 ・複数の道徳的価値の対立する場面で，多面的・多角的に考えようとしている。【報告・例文】

項　目	記入文例
中学	・自分だけの考えから，他者の意見を取り入れて発表している。 ・友達の意見を取り入れ，関係者の心情や事情にも配慮して考えている。 ・複数の道徳的価値の対立が生じる場面で，自分の取り得る行動を考えている。 ・語り合いで，友達の考えに共鳴することが多く，広い視野から多面的・多角的に物事をみている。
中学	・道徳授業を契機に，関心のある書物を積極的に読み，様々な考え方に触れ，よりよい生き方への関心を高めている。
自己の生き方 人間としての生き方	**POINT** 自己を見つめ，多面的・多角的に考えることを通して形成された道徳的価値観を基盤として，自己（人間として）の生き方について考えを深めているかに着目して評価する。
小学・低中	・授業で学んだことを，自分の遊びや生活と関連づけて考えている。 ・どのような自分でありたいか，その将来像をもち行動しようとしている。 ・集団や社会の中でどのように生きたいかを考え，進んで行動しようとしている。 ・自らを振り返って成長を実感して，これからの課題や目標を見つけている。
中学	・日々の生活や授業での体験を道徳科の授業と関連づけて考え，自分の生き方に自信を深めている。
中学	・命の学習を通して，社会にどう役立ちたいか自分の将来の夢や展望について考えを深めている。

④主体的・対話的で深い学び

項　目	記入文例
主体的な学び	**POINT** 道徳科の主体的な学びは，児童・生徒が問題意識をもち，道徳的問題に取り組み道徳性を養う中で，学習過程全体を見取り，児童・生徒の学習活動自体を評価する。 ・過去の体験や学習を振り返って比べて考えている。 ・教材の中の道徳的課題を自ら見いだしている。 ・自らの経験と結び付けて，主体的に解決しようとしている。 ・自分なりの新たな課題や目標を設定して努力しようとしている。 ・各教科で学んだことや自分の体験を，道徳的価値についての考えや感じ方と結び付けて考えている。
対話的な学び 小学・高 中学	**POINT** 対話的な学びは，子ども同士の協働，教員や地域の人との対話，先哲の考えなどを手掛かりに，自分と異なる意見と向き合い議論し，自分自身の道徳的価値を深めたり広げたりしている，その過程を評価する。 ・道徳的問題について，他の人と意見を交流しながら探究している。 ・道徳的問題について，自分と違う意見や立場を参考にしながら選択や判断をしている。 ・自分なりの「問い」や「わからないこと」を見つけ出して話し合っている。 ・学年を通して，集団の中で自己の考えを適切に発表したり，他者の意見に共感したりして考えを深めている。 ・仲間と協働したり地域の人と対話したりして，考えを深めたり広めたりしている。
深い学び	**POINT** 深い学びでは，道徳的な問題を自分事として捉え，議論し探究して，自分の考えや感じ方を，さらに深

項　目	記入文例

めていく過程を評価する。

- 道徳的問題を自分事として捉え，自己の生き方について考えを深めている。
- 道徳的価値に関わる自分の考え方や感じ方を振り返って，今後のあり方について考えている。
- 対話的な学びを通して，別の可能性や選択肢を考えてさらに探究しようとしている。

小学校／中学校　指導要録　④主体的・対話的で深い学び

⑤育成する資質・能力の３つの柱

項　目	記入文例
知識・技能	**POINT** 道徳科では育成する道徳性を，各教科等のように３つの資質・能力で単純に分節することはできないが，知識・技能とは「何を理解しているか，何ができるか」である。 ①道徳的価値の理解に対応する。 ②概念としてではなく，現実生活で「生きて働く知識・技能」として習得されたとき，評価する。 ★３つの柱で分けて，観点別評価をすることはできない。 ---- ・自分が登場人物だったらと切実に考えようとしている。 ・主体性をもって法やきまりを守ることの意義を理解しようとしている。 ・相手や場面に対応して，お礼の言葉や礼儀作法を行おうとしている。 ・自分を知り，よりよい自分でいたいと思っている。 ・常に相手の気持ちを考えようとしている。 ・自然の雄大さを素直に感じ，生命や自然を大切にしようとしている。
思考力・判断力・表現力等	**POINT** 思考力・判断力・表現力等は，「理解していること・できることをどう使うか」である。 ①道徳的問題について，「物事を（広い視野から）多面的・多角的に考え，自己（人間として）の生き方についての考えを深める」に対応する。 ②道徳的問題について主体的に考え判断し，対話的・協働的に議論する中で，「自己の生き方」を思考・判断・表現しようとすることを評価する。 ---- ・より公平で公共的な見方をするように努めている。 ・一面的・一方的な自分の見方だけにこだわらず，多面的・多角的な見方を発展させている。

項　目	記入文例
中学 中学	・仲間の意見を聞いて，自分の職業観を深めている。 ・道徳的価値を実現する自分と自由気ままに生きる自分とをいつも比較検討し，どちらがより納得する生き方かを真剣に考えている。
学びに向かう力，人間性等	**POINT** 学びに向かう力，人間性等とは「どのように社会・世界と関わり，よりよい人生を送るか」である。 ①「よりよく生きるための基盤としての道徳性」に対応する。 ②「主体的に学習に取り組む態度」として観点別評価を通じて見取ることができる部分がある。自己評価も対象。 ③「人間性等」は，感性や個別の価値観が含まれるため観点別評価や評定になじまず，個人内評価で見取る。 -------- ・道徳的問題について積極的に取り組んでいる。 ・日常の生活や次の授業につなげていこうとしている。 ・自己の生き方についての授業を重ねることで道徳ノートに記述が増している。
中学	・1年を通して，どのような自分になれたか振り返ることができるとともに，新たな人間としての生き方を設定している。
中学	・ゲストティーチャーの生き方に触れ，これまでの自分を見つめ直し，社会との関わりから，自分の生き方を考えるようになった。

⑥道徳性の諸様相

項　目	記入文例
道徳的判断力, 道徳的心情, 道徳的実践意欲と態度	**POINT** 道徳教育は道徳性を構成する諸様相である道徳的判断力，道徳的心情，道徳的実践意欲と態度を養うことを求めている。 ①道徳的判断力は，様々な場面で善悪および人間としてどうすべきかを判断する能力。 ②道徳的心情は，人間としてのよりよい生き方や善を思考する感情。 ③道徳的実践意欲と態度は，道徳的判断力や道徳的心情により価値があるとされた行動をとろうとする傾向性。 ★道徳性の諸様相に分けて，観点別評価はできない。 -- ・友達との交流を通して，やってよいこと・悪いことを自分で判断している。 ・自分が登場人物だったらと切実に考え，判断している。 ・道徳的心情を理解しながら，友達と意見交流することによって，判断する根拠を優先して判断している。 ・主体性をもって法やきまりを守ることの意義を理解しようとしている。 ・相手や場面に応じて，お礼の言葉を述べたり礼儀作法を行おうとしている。 ・道徳授業で気付いたことを保護者と話したり，各教科の授業に応用したりしようとしている。 ・規則やきまりの問題を，他から強制されるのではなく，自らの意志で守ろうとしている。
中学	・自分にとって何が大切で何を排除していくか考え，そのことを日々の生活の充実に結び付けようとしている。
中学	・自己の生き方に関わる発言を多くしながら，よりよい自己実現を図っていこうと自己調整している。
中学	・職場体験で「働くこと」を学んでから，将来に向けて自分の人生設計に意欲的に取り組んでいる。

⑦指導法との関連

項　目	記入文例
登場人物への自我関与	**POINT** 伝記，実話，意見文，物語など道徳的な行為を題材とした指導においては，登場人物の立場に立って，自分との関わりで，道徳的価値を理解し，これを基に自己を見つめ，多面的・多角的に考え，自己の生き方を深めている点を評価する。 ★教材から読み取れる価値観を一方的に教え込んだり，登場人物の心情理解に偏った授業としない。 ------ ・心情理解だけでなく，自我関与して立場を交換して発表することに意欲的である。 ・現在の自分自身を振り返り，自らの行動や考えを見直している。 ・登場人物を自分に置き換えて考え，自分なりに具体的にイメージして考えている。 ・問題解決する過程で，「もし○○さんの立場だったら」と，視点取得・立場の交換を積極的に行おうとしている。
問題解決的な学習	**POINT** 道徳科における問題解決的な学習とは，子ども自ら道徳的問題を考え，判断し，解決していく学習であり，評価においてはその過程を評価する。 ①議論を通して道徳的価値を多面的・多角的に考える。 ②多面的・多角的な思考を通して価値の理解を自分自身の関わりの中で深める。 ★問題解決型の学習では，合意形成や具体的な解決策を得ること自体が目的ではない。 ------ ・教材や日常生活から，積極的に道徳的な問題を見つけようとしている。 ・問題を把握して，自分なりの意見を提示している。 ・問題解決する過程で，比較したり理由や根拠をあげたり，批判・吟味したりして多面的・多角的に考えている。

項　目	記入文例
	・自他の意見を取り入れて，根拠に基づき納得解を協働して創り出そうとしている。 ・考えた解決策を身近な問題に適用し，自分の考えを再考している。 ・問題の探究を振り返って，これからの自分の課題を導き出そうとしている。
体験的な学習	**POINT** 道徳的行為に関する体験的学習とは，具体的な道徳的行為の場面を想起させ追体験させて，道徳的諸価値を理解するものである。 　例えば，役割演技，スキル学習，別場面への応用，実体験活動，構成的グループ・エンカウンターなど。 ★単に体験的活動それ自体を目的とするものではない。 ------- ・エンカウンター・役割演技などの疑似体験的な活動を通して，判断や心情を自分との関わりで深めている。 ・ゲストティーチャーから受ける現実感から，道徳的問題を自分事のように考えようとしている。 ・アイマスク体験などの活動では，体の不自由な方の思いを感じ取り，これまでの自分の生活を見つめ直している。 ・ペアワーク活動を楽しみながら取り組み，相手の立場を自分も体験してみることで道徳的価値観の深まりを感じている。

⑧いじめ問題・現代的な課題

項　目	記入文例
いじめ問題	**POINT** 深刻ないじめ問題を発端として，道徳の教科化が図られた経緯がある。 　それまで「読み物教材の登場人物の心情理解」に偏って，現実のいじめの問題に対応できなかったことから，問題解決的な学習により，「あなたならどうするか」を真正面から問う。その児童・生徒の学習活動を評価する。 ---
小学・高 中学	・傍観者もいじめの加害者であることに気付き，自分事として考えている。 ・いじめをせずに，仲良くしたいと理解していても，異なる考えや立場を受け入れられなくてなかなか実現できない人間の弱さを理解しようとしている。 ・いじめ問題を，加害者，被害者，傍観者の立場から考えて，様々な角度から話し合うことによって，自分自身のこととして考えている。 ・いじめをなくす議論で，いじめ防止に結び付けようと道徳的価値を改めて自覚し直そうとしている。
情報モラル	**POINT** 情報モラルとは，情報化社会で適正な活動を行うための基となる考え方と態度である。 　道徳科では道徳的価値に関わる学習活動を評価する。 ★情報機器の使い方や危機回避の方法などの練習に主眼を置くものではない。 --- ・メールのやりとりで起こった問題を話し合い，相手の立場に立って言葉を選ぶことに気付き，実践しようとしている。 ・スマートフォンを手放せない自分を振り返り，よりうまく付き合う方法を探ろうとしている。 ・情報機器の利用には，欲望を抑えて自己の統制が必要と気付き，友達との議論を通して，困難を乗り越える大切

項　目		記入文例
		さについて考えを深めている。
	中学	・情報モラルの問題やそれに伴う負の内容も軽視できない課題として，これまでの自分の体験を振り返り，自分事として発表している。
現代的な課題		**POINT** 小学校では，現代的課題を身近な問題と結び付けて自分との関わりで考える。中学校では，答えの定まっていない問題や葛藤について理解を深め，多面的・多角的に考える力が育っているので，問題解決的な学習の過程を評価する。 　食育，防災，社会参画などの教育課題と，環境，貧困，人権，平和などの持続可能な発展を巡る課題がある。 ------ ・健康問題や食育の内容について，望ましい生活習慣や生命の授業と関連させて考えている。 ・高齢化社会の問題を話し合うとき，社会科で学習した知識を駆使して根拠を述べ，新しい課題を考えようとしている。
	中学	・いじめ問題を人権問題の重要な課題の1つと考え，自分に何ができるか仲間と一緒に考えようとしている。
	中学	・生命倫理の問題を考えたり調べたりする中で，自らの職業観をふくらませ，考えを深めている。
	中学	・性とは何か，人間の尊厳とは何か。男女の一方的な見方から立場を違えた見方をしている。
	中学	・貧困，しきたり，男女差別の問題などを，身近な問題から発達途上の国へと視野を広げて考えようとしている。
	中学	・現代的課題に興味を示し，自分の問題として何ができるか友達と真剣に考えている。

⑨その他

項目	記入文例
学習上の困難さ	**POINT** 評価を行うに当たっては，困難さの状況ごとの配慮が必要である。 　相手の意見を取り入れて自分の考えを深めているか，多角的・多面的な見方へ発展させて自分のこととして捉えているかを，丁寧に見取る必要がある。 ・身近な道徳的問題について自分と関わらせて，主体的に考えている。 ・道徳的な問題に向き合い，自分ならどうするかを考えている。 ・他の子どもの話を積極的に傾聴している。
発表が苦手　ワークシートに表現する	**POINT** 発表が苦手でもワークシートに深まりが見られる場合は，これを積極的に評価する。 ・話合いの場面では，友達の意見をよく聞いて自分の考えを深め，ワークシートで自分の考えを表現している。 ・毎回の感想欄で，様々な状況を思い浮かべながら自分なりの考えを深めて記述している。 ・ワークシートに道徳的価値に関する気付きや思いを書き，これからの充実した生き方につなげたい気持ちを表すことで，自分の考えを深めている。
発言や記述が苦手	**POINT** 発言が少なく，文章に書くのも苦手な子には，教師の話や他の児童・生徒の話に聞き入っている様子に着目して評価する。 ・毎回の授業で発表者の意見を傾聴してうなずいている。 ・発言や道徳ノートに自分の考えをうまく表現しようと努め，うまく発言できるようになっている。

5 指導要録の「総合所見及び指導上参考となる諸事項」記入文例

①行動に関する所見

◆「行動の記録」欄の所見である。道徳教育の行動面に現れた成果を記述する。
学校教育全体にわたって見られる児童・生徒の特徴に関すること。
当初と学年末を比較して，行動の状況の進歩が著しい場合，その状況を記述。

発達段階を考慮したコメントは頭に**小学・低／中／高，中学**の区分

視　点	記入文例
行動全般 （特徴）	・礼儀正しく，誰に対しても公平で親切であり，友達も多い。 ・何事にも率先して取り組み，責任をもってやり抜く。 ・落ち着いた態度で何事にも慎重に考えて臨み，責任感も強い。 ・活発な行動と積極的な態度で，クラスの中心的存在である。 ・素直な態度で，真面目に粘り強くやり抜く態度がある。 ・道徳的判断力があり，何事も表裏なく実行するので信望が厚い。 ・リーダーシップを発揮し，クラス運営に当たることができる。
行動状況 の進歩	・新学期に多くの友達を得て自分の考えをもつようになり，正しい判断で行動できるようになった。 ・「いいとこさがし」で友達から認めてもらったことを契機に，自己理解を深め，意欲的に生活を送っている。 ・老人ホームでの交流活動を契機に，仲間と相談して，相手のためになることで少しでもできることを取り組むようになった。 ・部活でキャプテンになったことを契機に，後輩に対して懇切丁寧な指導をし，リーダーシップを発揮するようになった。

各項目	学　年	記入文例
基本的な 生活習慣	小学・低中	・「ありがとう」「ごめんなさい」などの気持ちを伝えられる。
	小学・低中	・身の回りのことが，自分できちんとできている。
	小学・低中	・交通規則を理解し安全に気を付けて行動している。
	小学・高	・自然な形で敬語を使うなど，礼儀正しい態度を身に付けている。

各項目	学　年	記入文例
	中学	・時と場に応じた言葉遣いや立ち居振る舞いができ，公私の区別がある。
健康・体力の向上	小学・低中	・健康管理に気を付け，無欠席で元気に登校できた。
	小学・中高	・手洗い，食後の歯みがき，食事など，自分で健康・衛生管理ができる。
	中学	・睡眠，休養，運動のバランスを考え，自分の健康管理ができている。
	中学	・自分の健康についての関心が高く，病気の予防に努め，健康的な生活を送っている。
自主・自律	小学・低	・自分でできることは，人を頼らないで行う。
	小学・低	・周りの意見に左右されず，自分なりに善悪の判断をして行動することができる。
	小学・中	・課題解決場面では，自ら考え，判断して行動する態度を身に付けている。
	小学・高	・人の意見をよく聞いた上で，自分の主張をすることができる。
	中学	・学級委員として学級の問題を自分たちの力で解決しようとし，級友から信頼されている。
責任感	小学・低中	・自分で約束したことをしっかり守っている。
	小学・中高	・自分の係や当番の仕事は，その意義を理解し，確実に責任を果たしている。
	小学・高	・集団登下校のときは，下級生の安全に気を配り面倒をよく見ていた。
	中学	・自分に与えられた役割に誠実に取り組み，級友から信頼されている。
創意工夫	小学・低	・1つのやり方だけでなく他のやり方も考えている。
	小学・中	・学級の生活が楽しくなるよう掲示物を工夫して

各項目	学 年	記入文例
		いる。
	小学・高	・課題解決場面で，1つのやり方で満足せず，多面的に探究しようとする。
	中学	・何事にも好奇心旺盛で，特に創造的な学習活動に積極的である。
	中学	・課題を自分なりに受け止め，既成概念にとらわれず柔軟な発想で取り組もうとする。
思いやり・協力	小学・低中	・病気やけがをした友達に親切にしている。
	小学・中高	・一人でいる友達を仲間に入れて一緒に活動している。
	小学・中高	・考えが違う人の意見を聞き，よりよいものにしようとしている。
	小学・高	・相手の立場に立って，相談にのったり協力したりしている。
	小学・高	・委員会やクラブ活動で，下級生を優しくリードし声かけしている。
	中学	・どんな場合でも相手の立場を考えて行動できる。
	中学	・ボランティア活動や奉仕活動に自主的に参加し，地域の人々から可愛がられている。
生命尊重・自然愛護	小学・低	・生き物係として金魚や小動物の世話をするなど，生き物を大切にしている。
	小学・中	・校外学習のゴミを持ち帰ったり，分別ゴミとして分けて捨てたり，環境を大切にしようとしている。
	小学・高	・飼育栽培委員として，校内の植物の世話や緑化運動に熱心に取り組んでいる。
	中学	・植物の栽培が好きで，学校農園での農業体験に意欲的に取り組んでいる。
	中学	・環境問題への関心が旺盛で，家庭でもリサイクル運動で省資源の実践に取り組んでいる。

各項目	学年	記入文例
勤労・奉仕	小学・低中	・係や当番など，率先して最後まで一生懸命取り組んでいる。
	小学・中	・自分の分担の仕事が終わったとき，進んで友達の手伝いをしている。
	小学・高	・地域清掃では，下級生にも気を配りながら意欲的にがんばっていた。
	中学	・ゴミ拾いボランティア以来，リサイクル活動に取り組んでいる。
	中学	・使命感にあふれ，地域の奉仕活動等に積極的に取り組んでいる。
公正・公平	小学・低	・自分の好き嫌いを言わず，誰とでも仲よく遊んでいる。
	小学・中	・学級でトラブルが発生したとき，公平に判断することができる。
	小学・高	・友達が仲間はずれや意地悪をしたとき，傍観することなく注意することができた。
	中学	・何事に対しても事実に基づいて客観的に判断し，考えることができる。
	中学	・誰に対しても先入観や偏見をもたないで接することができる。
公共心・公徳心	小学・低中	・学校の教材・教具や図書室の本を大切に扱うことができる。
	小学・中高	・校外学習のとき，乗り物や見学場所で，周囲の人に迷惑をかけない行動がとれる。
	小学・高	・地域の伝統文化を広める活動に参加している。
	中学	・自分の都合よりも全体のことを考えて行動している。
	中学	・ピアノ演奏を通して国際交流や国際親善事業に参加している。

小学校　中学校　指導要録　①行動に関する所見

②総合所見及び指導上参考となる諸事項

項　目	記入文例
内容の 4つの視点	**POINT** 学校教育全体で行う道徳教育において，道徳性の特徴と成長の様子を記述式で記録する。
A 自分自身 　小学・低中 　小学・高 　　中学 　小学・高 　　中学	・係や当番の仕事に責任をもって最後までやり抜くことができた。 ・自分でできることは自分でやり，安全に気を付け，よく考えて行動し，節度ある生活をしている。 ・自分が決めたことや発言，行動の結果には責任をもって実践している。 ・物事にも課題意識をもって積極的に取り組み，困難を抱えたときも自力で解決しようとしている。 ・将来に向けての大きな目標があり，その実現に向けて努力している。 ・自分を深く見つめ，自分の弱さを克服しながら自分の個性を伸ばそうとする向上心がある。
B 人との関わり	・男女の区別なく，遊びや学習活動に取り組み，交友関係を広げている。 ・下級生や仲間外れになりがちな子に声をかけるなど，思いやりのある態度で接している。 ・他人に対して常に温かい心で接し，相手の立場を深く理解して行動することができる。 ・誰に対しても礼儀正しく接し，相手の人格を尊重するとともに，いろいろなものの見方・考え方があることを許容する広い心をもっている。 ・他人の親切に対して素直に感謝することができ，何事にも謙虚な姿勢を保とうとしている。
C 集団や社会と 　の関わり	・約束やきまりを守り，学校や学級のルールを守って，学校生活をよりよく過ごそうとしている。 ・社会生活における法やきまりの意義をよく理解し，それ

項　目	記入文例
小学・高 中学	・らを遵守しようとする態度が身に付いている。 ・正義感が強く，誰に対しても分け隔てなく公正，公平な態度で接している。 ・祖父母をねぎらったり，弟，妹の面倒をみたり，家事を分担するなど，家族への思いやりの気持ちをしっかりもっている。
小学・高 中学	・異文化や他の国の人々との交流を積極的に担い，将来は国際社会の中で自分の能力を生かしながら，社会の発展に貢献したいと考えている。
D生命や自然，崇高なものとの関わり	・生き物係として，学級の魚や小動物の世話やえさやりに熱心に取り組んでいる。 ・食育で，命あるものをいただいて自分も生きていることを学んでからは，給食の好き嫌いがなくなった。 ・自然や優れた芸術作品の美しさに素直に感動する心をもち，情操が豊かである。
中学	・生命のかけがえのなさを生命の偶然性，連続性，有限性の視点からよく理解し，命を大切にしている。
中学	・壮大な芸術作品が与えてくれた感動を基に，自らも人に感動を分け与えられるような音楽家になるという将来の夢を抱いてがんばっている。
児童・生徒の成長の状況に関わる総合的所見	**POINT** 学校教育全体で行う道徳教育において，個人として比較的優れている点や長所（横断的個人内評価）と進歩の状況（縦断的個人内評価）を中心に総合的に見て把握し記述する。
小学・低	・みんなのことを考えて行動したり，助けてあげたりすることができるようになってきた。
小学・中	・2学期の「望ましい人間関係」の話合いを契機に，学級の誰とでも積極的に関わる姿が見られるようになった。学習や遊びでも友達と協調して活動するようになった。

項　目	記入文例
小学・高	・自分で課題を見つけ、自分でよく考えて解決策を見いだそうとする姿勢がある。総合的な学習「環境問題を考える」の話合いでは、自分で調べて、広い視野から創造的な提案を試みていた。
小学・高 中学	・誰にも公正・公平に接し、学級での信頼がある。特に、孤立しがちな子には心配りをし、声を掛けたり誘ったりするなど、きめの細かい配慮ができる。
小学・高 中学	・学級で生徒間のトラブルがあったときには、学級委員としての責任を全うし、人間関係の調整に努め、問題解決に導くことができた。
中学	・地元商店での職場体験により、あいさつ、言葉遣い、時間厳守などの社会性の向上が見られ、職業に対する考え方が現実的・具体的になってきている。
中学	・文化祭の実行委員に選出され、級友の支援と協力を得て運営に携わる中で、役割と責任の重さを実感して、意欲的に取り組んでいる。
中学	・修学旅行で長崎を訪れて以降は主体的に世界平和に関する学習をしたり、ユニセフ募金を呼びかけたりするなど、地道な活動を続けている。

◆参考文献◆

文部科学省『小学校学習指導要領（平成29年告示）解説　特別の教科　道徳編』2018年

文部科学省『中学校学習指導要領（平成29年告示）解説　特別の教科　道徳編』2018年

道徳教育に係る評価等の在り方に関する専門家会議「『特別の教科　道徳』の指導方法・評価等について（報告）」（平成28年7月22日）

押谷由夫「道徳教育とアセスメント―道徳教育を充実させるためのアセスメントの工夫」『指導と評価』2018年1月号〈特集　これからの道徳教育と評価〉日本図書文化協会

石田恒好「指導要録にどう記入すればよいか」『指導と評価』2018年1月号〈特集　これからの道徳教育と評価〉日本図書文化協会

江澤賢一「道徳アセスメントシステムの紹介」『指導と評価』2018年1月号〈特集　これからの道徳教育と評価〉日本図書文化協会

応用教育研究所『応研レポート』No.88〈特集　道徳アセスメント〉2018年

柳沼良太『道徳の理論と指導法―「考え議論する道徳」でよりよく生きる力を育む』図書文化　2017年

チップ・ウッド〈安彦忠彦・無藤隆共訳〉『成長のものさし』図書文化　2008年

櫻井茂男編著『改訂版　たのしく学べる最新教育心理学』図書文化　2007年

◆編者◆

石田恒好	いしだ・つねよし	一般財団法人応用教育研究所所長
押谷由夫	おしたに・よしお	武庫川女子大学教育研究所 大学院臨床教育学研究科教授
柳沼良太	やぎぬま・りょうた	岐阜大学大学院教育学研究科准教授
長谷　徹	はせ・とおる	元東京家政学院大学教授
谷合明雄	たにあい・あきお	元拓殖大学講師

◆執筆協力者◆

小島嘉之	こじま・よしゆき	埼玉県上尾市立富士見小学校教諭
春原裕太	すのはら・ゆうた	東京都千代田区立九段小学校主幹教諭
野手幹博	のて・よしひろ	東京都八王子市立横川小学校教諭
前　博毅	まえ・ひろき	東京都台東区立忍岡小学校主任教諭
須貝牧子	すがい・まきこ	東京都練馬区立中村中学校教諭
松島千尋	まつしま・ちひろ	長野県松本市立会田中学校教諭
宮島邦夫	みやじま・くにお	一般財団法人応用教育研究所副所長

（2018年2月現在）

道徳の評価
通信簿と指導要録の記入文例
小学校・中学校

2019年3月10日　初版第1刷発行　［検印省略］

編 著 者	ⓒ石田恒好・押谷由夫・柳沼良太・ 　長谷徹・谷合明雄
発 行 人	福富　泉
発 行 所	株式会社 図書文化社 〒112-0012　東京都文京区大塚1-4-15 電話 03-3943-2511　FAX 03-3943-2519
本文デザイン・装幀	中濱健治
本文イラスト	舟田有里
組　　版	株式会社 Sun Fuerza
印　　刷	株式会社 加藤文明社印刷所
製　　本	株式会社 村上製本所

ISBN 978-4-8100-8715-4　C3037
乱丁・落丁本の場合はお取り替えいたします。
定価はカバーに表示してあります。

[JCOPY]〈出版者著作権管理機構 委託出版物〉
本書の無断複製は著作権法上での例外を除き禁じられています。
複製される場合は、そのつど事前に、出版者著作権管理機構
（電話03-3513-6969、FAX 03-3513-6979、e-mail: info@jcopy.or.jp）
の許諾を得てください。

図書文化の道徳教育

書籍

「考え,議論する道徳」を実現する!
主体的・対話的で深い学びの視点から

「考え,議論する道徳」を実現する会 著　A5判 192頁　●本体2,000円+税

道徳教育改革のキーパーソン16名が集結。新教科「道徳」の理念と指導の骨子を解説します。

新教科・道徳はこうしたら面白い
道徳科を充実させる具体的提案と授業の実際

押谷由夫・諸富祥彦・柳沼良太 編集　A5判 248頁　●本体2,400円+税

子どもたちが真剣に考える道徳授業をつくるには。これからの道徳授業のあるべき姿を提案します。

「問題解決学習」と心理学的「体験学習」による
新しい道徳授業

エンカウンター,モラルスキル,問題解決学習など「理論のある面白い道徳授業」の提案

諸富祥彦 著　四六判 240頁　●本体1,800円+税

道徳教育改革を成功させるために,長年にわたり広い視点から道徳にかかわる著者が全力で応えます。

子どもが考え,議論する 問題解決型の
道徳授業事例集　小学校/中学校(2分冊)

問題解決的な学習と体験的な学習を活用した道徳科の指導方法

柳沼良太 編著　B5判　小●本体2,600円+税　中●本体2,400円+税

アクティブ・ラーニング型道徳授業づくりの考え方と具体の授業実践事例。

定番教材でできる 問題解決的な道徳授業　小学校

柳沼良太・山田誠・星直樹 編著　A5判 176頁　●本体2,000円+税

副読本でおなじみの定番資料。教科化で授業はどう変わるのか。各時間のワークシート付き。

DVD(映像)

子どもが考え,議論する 問題解決的な学習で創る道徳授業　小学校

柳沼良太 監修　毎日映画社 企画制作　DVD 2枚組(PDF指導案付)　●本体20,000円+税

現役カリスマ教諭によるアクティブ・ラーニング型の道徳授業を,映像で! 各ディスクに,「授業のポイントチェックと振り返り」「今すぐ使える!授業案PDF」を収録。

〈収録授業〉
幸阪創平(杉並区立浜田山小学校教諭)「かぼちゃのつる」(小学校1年生)
星　直樹(早稲田実業学校初等科教諭)「三つの声」(小学校3年生)
山田　誠(筑波大学附属小学校教諭)「いじめについて考える」(小学校5年生)

図書文化

※本体価格には別途消費税がかかります